예수님과 사도들의 가르침을 따른
새신자 e 가이드북

숲과 나무

예수님과 사도들의 가르침을 따른
새신자 *e* 가이드북

초판 1쇄	인쇄일 2010년 8월 1일
펴 낸 곳	도서출판 숲과 나무
주　　소	경기도 고양시 일산구 장항동 532-20 2층
지 은 이	김재헌
디 자 인	진 숙
출판등록	제2004-87호
총 판 처	열린유통 Tel : 031-906-0011 Fax : 031-905-0288

ISBN 978-89-92915-08-3　03230

값 5,000 원
이책은 저작권법에 따라 보호받는 저작물이므로 무단 전재와 복제를 금합니다.

예수님과 사도들의 가르침을 따른

새신자 e-가이드북

머/리/말

할렐루야! 주의 크신 이름으로 인사드립니다. 이제 교회에 처음으로 출석하신 것을 진심으로 축하합니다. 교회는 여러분들을 위하여 여러 가지 세심한 배려와 사랑으로 여러분들을 위한 프로그램을 준비해 놓고 있습니다.

모든 기관이 다 그렇듯이 교회는 나름의 목적에 의해 세워졌습니다. 경찰서가 범죄를 막고 치안유지를 위해 세워졌고, 교회는 복음전파와 지도자양성, 지역사회 봉사, 다음세대 훈련을 가치로 세워진 기관입니다. 이 세상에는 하나님이 직접 만든 제도와 기관이 딱 두 가지 있습니다. 첫째는 가정이고 둘째는 교회입니다.

교회는 그 본연의 목적을 이루기 위해 하나님이 직접 세우시고 직접 다스리십니다. 그래서 모든 교회들이 오늘도 쉼 없이 복음전도의 사명을 가지고 뛰고 있습니다.

교회는 여러분들을 소중한 우리의 식구로 맞아들이면서 하나님께서 여러분들을 향하여 창세전에 예비해 놓으셨던 축복으로 쏟아 부어 주시기를 간구합니다. 또한 아울러 새로운 식구들을 맞이하는 우리들도 하나님의 도우심이 넘치시기를 간절히 기도합니다. 아무쪼록 어렵게 결단을 내리신 대로 진리를 깨닫고 생명의 풍성함을 얻어 가셔서 더 많은 이웃에게 사랑과 진리를 나누어주는 좋은 이웃으로 성장해 가시기를 당부합니다.

2010. 5. 5.
대표 청지기 담임목사 올림

저 자
김재헌 목사

전형적인 386세대로서 전후와 민주화세대의 아픔을 몸으로 겪으며 살았다. 한국성서대학교에서 인문학을 전공하였고 총신대학교 신학대학원에서 철학과 신학을 전공하였다. 그는 복음전도를 위해서 문서전도에 사명을 가지고 글쓰기를 하였다. 그의 저작능력은 엄청난 독서로부터 나온다. 적어도 한해에 200여권 이상의 독서를 30년간 계속해오고 있다. 지금까지 쓴 책도 주제가 다양하게 100여권이 넘는다. 목회자로서 뿐만 아니라 자라나는 청소년들과 청년들에게 지혜와 지식을 나누어주는 일을 평생의 과업으로 생각하고 있다. 그래서 청소년들을 위한 대안학교를 운영 중에 있다. 대표 저서로는 "세상을 확 바꾼 체인지 메이커 75" "주특기가 분명해 부흥한 교회" "이것이 21세기 전도운동이다" "교회교회성장 사랑방전도운동." "디지털목회경영" 등이 있다. 그 중 "16살, 네꿈이 평생을 결정한다. 1,2,3"(다산북스) 50만부 이상이 팔린 베스트셀러로 알려졌고, "생각의 탄생" "12살 리더십을 배울 나이에요" 등은 어린이와 청소년을 위한 필독서이다.

| 목 차 |

1부 : 사도신경의 가르침을 따라

1. 전능하사 천지를 지으신 하나님   10

2. 그 외아들 우리 주 예수 그리스도   24

3. 능력의 성령님   35

4. 고난과 죄와 십자가   40

5. 거룩한 교회   50

6. 부활과 영생   62

7. 재림과 영화   70

2부 : 주기도문의 가르침을 따라

8. 아버지 하나님의 자녀가 됨	78
9. 주일과 예배와 헌금	83
10. 성경말씀과 목적이 이끄는 삶	93
11. 앎과 실천의 삶	101
12. 찬송과 기도의 중요성	109
13. 전도에 대하여	117
14. 헌신과 봉사에 승리	129

1부
사도신경의 가르침을 따라

나는 전능하신 아버지 하나님, 천지의 창조주를 믿습니다.
나는 그의 유일하신 아들, 우리 주 예수 그리스도를 믿습니다. 그는 성령으로 잉태되어 동정녀 마리아에게서 나시고, 본디오 빌라도에게 고난을 받아 십자가에 못 박혀 죽으시고, 장사된 지 사흘만에 죽은 자 가운데서 다시 살아나셨으며, 하늘에 오르시어 전능하신 아버지 하나님 우편에 앉아 계시다가, 거기로부터 살아있는 자와 죽은 자를 심판하러 오십니다. 나는 성령을 믿으며, 거룩한 공교회와 성도의 교제와 죄를 용서 받는 것과 몸의 부활과 영생을 믿습니다. 아멘.

1부 _ 사도신경의 가르침을 따라
전능하사 천지를 지으신 하나님

1. 하나님의 존재

하나님을 알 수 있는 방법은 크게 두 가지입니다. 일반계시와 특별계시입니다.

1) **일반계시** - 하나님에 관한 일반적인 지식은 사람이 하나님을 완전히 알 수는 없으나 그렇다고 전혀 알 수 없는 것은 아닙니다. 사람은 하나님에 관한 선천적인 지식을 희미하나마 소유하고 있을 뿐 만 아니라 후천적 지식을 통해서 하나님에 관한 지식을 얻을 수 있습니다.
2) **특별계시** - 일반계시로는 하나님이 계시다는 희미한 생각은 하지만 참된 하나님을 만나는 길은 오직 성경밖에 없습니다. 성경은 하나님에 대해 그리고 이 땅에 오신 하나님이신 예수님에 대해 증거합니다.

2. 일반계시와 특별계시의 차이

많은 사람들이 하나님이 어디 있느냐고 묻습니다. 하나님의 존재는 의심하

Note

면서도 급할 때는 하나님을 찾습니다. 하나님이 없다고 하면서도 죽을 때는 심판을 두려워합니다.

1) 일반계시
(1) 인간과 자연을 보고 하나님이 계신 것을 알 수 있습니다.
- 사람에겐 영적인 감각이 있습니다.(꿈, 사후체험)
- 사람은 자신이 섬길 대상을 정하고 섬기게 됩니다 (죽은 부모, 각종 귀신).
- 문자가 없는 민족은 있어도 종교가 없는 민족은 없습니다(종교).
- 1년에 약 200만 명 정도가 죽음의 체험을 합니다(임사체험).

롬 1장 19절 그리고 20절에는 이렇게 기록되어 있습니다.
"이는 하나님을 알 만한 것이 그들 속에 보임이라 하나님께서 이를 그들에게 보이셨느니라"

(2) 인간의 마음을 보면 알 수 있습니다.
- 사람의 마음속에는 하나님을 알만한 것이 있습니다(종교심).
- 신(神)에 대한 갈망이 있습니다(무의식적 작용).
- 하나님은 인간의 마음속에 빈 마음을 만들어 놓으셨습니다.
- 빈 마음이 있으니 항상 허전합니다(실존적 고독).
- 빈 마음을 채우는 것은 '영원'입니다.
  전도서 3:11 "사람들에게는 영원을 사모하는 마음을 주셨느니라"

(3) 양심이 증거합니다.
- 모든 사람에게는 선과 악을 분별하는 양심이 있습니다.

Note

벧전3장21절, "하나님을 향한 선한 양심의 간구니라"
- 하나님께서 사람들로 하여금 하나님의 뜻대로 살도록 하시려고 주셨기 때문입니다.

(4) 본능이 증거합니다.
- 지구상 어느 민족이든지 위급한 때에 하나님께 호소합니다.
- 교육이나 권유를 받는 일이 없는데도 하나님을 찾는 것은 양심의 고백이요, 인간 본심의 부르짖음인 것입니다.
- 죽음의 공포가 임박할 때 내세에 대해 고민합니다.
- 모든 민족에게 제사제도가 있습니다.

 시편 42편1절,
"하나님이여 사슴이 시냇물을 찾기에 갈급함 같이 내 영혼이 주를 찾기에 갈급하나이다"

(5) 자연이 증거합니다.
하늘에 퍼 있는 수많은 별들은 왜 안 떨어지는 것일까? 왜 서로 충돌 안할까? 그 이유는 질서가 있기 때문입니다. 질서는 저절로 생겼을까요? 이 세상에 저절로 생기는 것은 없습니다. 누군가가 만들어 놓았습니다. 그분이 바로 하나님이십니다. 하나님은 자연의 질서를 만들어 놓으셨습니다.
- 자연을 보면 신의 솜씨를 인정하게 됩니다.
- 우주는 하나님의 존재를 증명하는 캔버스이며 작품입니다.
- 자연이 아름다운 이유 중 하나는 질서입니다.
- 질서는 저절로 생기는 법이 없습니다.

Note

- 하나님은 자연의 질서를 만드시고 지금도 붙들고 있습니다.

시편 19편1절

"하늘이 하나님의 영광을 선포하고 궁창이 그의 손으로 하신 일을 나타내는도다"

2) 특별계시

(1) 성경이 증거합니다.
- 성경 속에서 하나님이 계심을 말씀하고 있는 곳이 많습니다.
- 성경에는 하나님을 만난 사람들의 증거가 많습니다.
- 성경에는 하나님이 일으킨 기적이 많이 나옵니다.
- 성경의 존재자체가 하나님의 계심을 증거합니다.
- 성경은 1500년간 40여 명의 저자가 동일한 주제로 기록한 하나님의 존재에 대한 증거입니다.

(2) 예수님은 하나님을 보았다고 증거하고 계십니다.
- 주님은 기도를 가르치시면서 "하늘에 계신 우리 아버지여"라고 하며 하나님을 부르셨습니다.
- 예수님은 "내가 하나님께로부터 나와서 왔음이라 나는 스스로 온 것이 아니요 아버지께서 나를 보내신 것이니라"(요 8:42)고 하시며 아버지 하나님을 증거하셨습니다.
- 예수님은 "나를 본 자는 아버지(하나님)를 보았느니라"(요 14:9) 하셨습니다.
- 예수께서 운명하실 때 "아버지(하나님)여 내 영혼을 아버지 손에 부탁하나이다"(눅 23:46) 라고 하셨습니다.

Note

(3) 초대교회 사도들은 하나님이 계심을 체험하고 증거합니다.

- 고후 12:1 "무익하나마 내가 부득불 자랑하노니 주의 환상과 계시를 말하리라"
- 요일 1:1 "태초부터 있는 생명의 말씀에 관하여는 우리가 들은 바요 눈으로 본 바요 자세히 보고 우리의 손으로 만진 바라"
- 계시록 1:1-2 "예수 그리스도의 계시라 이는 하나님이 그에게 주사 반드시 속히 일어날 일들을 그 종들에게 보이시려고 그의 천사를 그 종 요한에게 보내어 알게 하신 것이라 요한은 하나님의 말씀과 예수 그리스도의 증거 곧 자기가 본 것을 다 증언하였느니라"

3. 하나님은 어떤 분이신가?

1) 하나님의 성품을 이해하려면 두 가지를 이해해야 합니다.
  (1) **비공유적속성(하나님만이 가진 속성)** : 절대주권성, 영원성, 전지성, 무소부재, 전능, 불변성은 오직 하나님만이 가지신 속성입니다.
  (2) **공유적속성(인간과 공유하고 있는 속성)** : 인자하심, 성실하심, 의로우심, 공정하심 등은 인간과 공유하는 속성입니다.

2) 비공유적속성을 먼저 알아봅시다.
  (1) **무한절대자** : 성경에는 "스스로 계시는 자"라고 했습니다.
  - **하나님의 절대성** : 절대자이신 하나님은 당신의 백성과의 관계를 형성해 나가십니다.

Note

- **하나님의 자존성** : 하나님께서 자기 자신 안에서 자신의 존재기반을 가지시고(출 3:1) 자신 외에 어떤 것에도 의존치 않으신다는 것을 의미하십니다.(시 115:3)

(2) 유일성 : 하나님만이 가지고 있는 절대적인 모습
- **영(靈)이심** : 하나님은 영이십니다. 요한복음 4:24에서, 예수께서도 '하나님은 영이시라'고 증거 해 주셨습니다.
- **영원함(Eternity)** : 이 영원하신 분께서는 그 생의 시작도 끝도 없으십니다. 그분은 시간의 경계 밖에서 존재하시며, 어떠한 시간의 측정으로 부터도 구애받지 않는 순수한 실재 가운데 거하시는, 영원한 지금이십니다.
- **불변함** : 그분의 본질과 속성들과 계획과 뜻에 그분은 변함없이 머무신다 "나 여호와는 변역지 아니하나니"(말 3:6) "오직 주는 영존할 것이요... 주는 여전하여 연대가 다함이 없으리라"(히 1:11,12).

(3) 존재적 특이성 - 셋이나 하나이신 존재의 특별하심.
- **단일함(Unity)** : 하나님은 본질에서나 목적에서나 뜻에서나 하나이시다. 이에 관한 히브리어는 하나의 단일함(a unit)이 아닌, 한 복합 된 단일함(a compound unity)을 나타내고 있습니다.
- **삼위일체** : 이 단어가 성경에 있지 않음에도 불구하고, 이 진리는 그 안에 널리 스며들어 있습니다. 하나님은 한분이시지만 명백히 아버지, 아들, 성령이란 세 인격들로 계시되어 있습니다. 이성은 하나님의 단일함을 우리에게 보여주는데, 오직 계시만이 그분의 삼위일체를 우리에게 가르칩니다.

Note

- **무소부재** : 아니 계신 곳이 없으십니다(無所不在). 시편 139:8-10 내가 하늘에 올라갈지라도 거기 계시며 스올에 내 자리를 펼지라도 거기 계시니이다.
- **유일성** : 하나님은 여러 성질로 이루어지신 분이 아시므로 나뉘어지지 않으신다는 의미합니다.

3) 하나님의 상대적인 속성들

하나님께만 속한 특성들이긴 하나 그분의 피조물들과 우주에 대한 그분의 관계를 통하여 알려질 수 있는 속성들.

- **스스로 계시하심(Self-Revelation)** : 하나님은 알 수 없는 분이십니다. 당신은 당신 자신의 노력으로는 그분을 찾을 수 없습니다. 그분이 우리에게 자신을 계시하여 주시기 전에는 알 수 없습니다.
- **전능하심** : 하나님은 그분의 본성의 완전함과 같이 모든 행하는 일들이 완벽하시면 못하실 일들이 없습니다.
- **편재하심** : 무한한 분이신 하나님은 자신의 존재를 어디에서나 알릴 수 있으시며, 자신의 모든 피조물들에게 끼칠 수 있는 영향력 가운데 그분은 무한하십니다. "음부에 내 자리를 펼지라도 거기 계시니이다"(시 139:8).
- **전지하심** : 오직 하나님만이 자신을 아시며, 또한 다른 모든 것을 아십니다. 실제인지 단지 가능성인지, 과거, 현재인지 미래인지를, 그분은 그것들에 대해 완벽하게, 즉각, 동시에 그리고 영원 전부터 아십니다.
- **주권자이심** : 엄밀히 말해서, 하나님의 주권, 즉 우주 안에서 최고의 통치자로서 지닌 하나님 고유의 권위는 그분의 속성 중의 하나가 아닌 하나님만의 특권입니다. 그것은 하나님의 어떠하심이 아니라 하나님의 행하심입니다.

Note

4) 공유적 속성 - 하나님에게만 있으나 그 피조물인 인간도 가진 속성

(1) **도덕적이심** : 도덕적 성질들에 관계된 신성한 본질의 표현들이 이러한 특징들이 은혜를 통하여 하나님의 피조물인 인간에게 공유되긴 했으나, 그것들은 오직 하나님 안에서만 무한하고 완벽하게 나타납니다.

- **인격적** : 하나님은 비인격적 영이 아니시고 자의식과 지성과 의지를 가지신 인격적 존재이십니다.
- **사랑** : 첫째로 신격 안에서, 그리고 다른 것들에게 하나님 자신을 펼쳐 보이시기 위해, 하나님께서 영원토록 감동을 받으시는 그 완전함을 의미합니다.
- **질투** : 종종 부정적으로 보이나 하나님에 관해 말할 때 "질투"는 그의 소유와 권리들을 지키시기 위한 세심한 보호책이십니다.
- **양선** : "하나님 한 분 외에는 선한 이가 없느니라"(막 10:18). 그 이상적인 분께 호응하는 모든 자질들을 포함합니다.
- **관용** : 그분의 피조물들이 느낄 수 있는 이 애정이 인간의 계산을 초월한 여러 가지 방식으로 보여졌습니다.
- **은혜** : 범죄 함으로 받을만한 가치가 전혀 없는 죄인들에게 베풀어지는 하나님의 부드러운 다루심으로 오직 하나님의 선택권에 속한 것입니다.
- **자비** : 비탄 속에 빠져있는 이들에게 베풀어지는 하나님의 인정많은 취급, 그분의 연민과 동정과 자애와 유사합니다.
- **지성** : 지적 능력입니다. 하나님은 눈앞에는 만물이 완전히 드러나 있어 모든 것을 알고 계십니다(히 4:13).
- **역사성** : 하나님은 과거 일이나 미래의 일 전체를 현재 일처럼 알고

Note

보고 계십니다(사 46:9-10, 말 3:16).
- **이해력** : 하나님은 인간의 선하고 악한 언행 일체를 알고 계십니다(잠15:3). 하나님은 인간의 마음 상태와 숨겨져 있는 모든 것까지 알고 계십니다(삼상 16:7).
- **판단력** : 하나님은 세상 모든 것을 헤아리셔서 판단하십니다(대상 16:14, 롬 2:2).

4. 인간과의 관계

이와 같은 속성을 가지신 하나님과 인간과는 어떤 관계에 있는지를 살펴보아야 합니다. 그런데 인간과의 관계는 크게 두 가지입니다.

1) 심판의 대상으로서의 인간
- **죄인에 대한 태도** : 모든 사람이 죄를 범하였으매 하나님의 영광에 들지 못한다(롬3:23)고 했습니다. 그렇다면 모든 사람은 하나님은 심판을 받는 대상이 되는 것입니다(히 9:27).

2) 사랑의 대상으로서의 인간
- **구원과 사랑의 대상** : 인간이 죄를 범한 것은 사실이고 심판을 받는 것도 사실이지만 하나님은 이 세상을 사랑하시고 사람도 사랑하십니다(요 3:16).
- **구속의 대상** : 인간은 스스로 죄에 빠져 구원할 능력도 상실한 존재입니다. 구래서 구속받을 대상인 것입니다. 이를 위해 예수님은 우

Note

리의 죄를 대신하여 구원받도록 하기 위해 십자가에서 우리 죄값을 다 치루셨습니다.

3) 인간의 창조와 교제
- 하나님은 인간을 특수하게 창조하셨습니다(창 1:28).
- 흙으로 육체를 만드시고 영혼을 불어 넣어 생령이 되게 하셨습니다(창 2:7).
- 다른 동물들과는 달리 사람을 하나님과 교제하도록 창조하셨습니다(고전 1:9).
- 영생할 수 있도록 창조하셨으나 인간이 죄를 범함으로 영생을 잃어버렸습니다(창 2:17, 3:17-19).
- 하나님은 만물을 창조하여 인간에게 주셨습니다.
- 인간은 물질세계를 정복하도록 부탁하셨습니다.
- 물질을 다스리며 만물의 주인이 되게 하셨습니다(창 1:28).
- 인간의 의식주를 위하여 만물을 자유로이 사용하게 하셨습니다(창 1:29-30).

특별히 하나님은 인간을 구원하시기 위해 독생자 예수를 보내주셨습니다. 하나님의 사랑을 그대로 표현해 주셨습니다(요일 4:10).

5. 이름을 통한 계시

사람은 이름을 통하여 자신을 알리는데 우리가 하나님을 알 수 있는 또 한 가지의 방법은 그분의 이름을 통하여 아는 것입니다.

Note

1) **엘로힘** - 창조와 능력의 하나님(창 1:1)
2) **여호와** - 영원자존자이시며 만물을 창조하신 분(출 3:14-15, 6:2)
3) **아도나이** - 모든 것의 주인이신 자존의 하나님(창 15:2, 시 83:18)
4) **엘 샤다이** - 영원불변의 전능하신 하나님(창 17:1)

그런데 성경에 하나님을 일컫는 이름이 여러 번 나오지만 어느 것 하나도 정확한 이름이 아닙니다. 그냥 형용사일 뿐임을 알 수 있습니다. 그 이유는 하나님은 이름을 짓는 분이시기 때문입니다. 이름이란 부모가 자식을 어른이 아이를 임금이 백성을 향해 지어주는 것인데 하나님은 자존하시는 분이시기에 이름을 지어준 이가 없습니다. 그래서 "거룩한 분, 스스로 계신 분, 엄위하신 분"과 같은 형용사적 이름만 있는 것입니다.

결론적으로

지금까지 우리는 하나님이 존재하심을 살펴보았습니다. 이런 하나님을 우리가 믿어야 하는데 믿으려면 하나님이 존재하신다는 것을 내가 경험을 해야 합니다. 존재하시는 하나님을 어떻게 체험할 수 있습니까?

첫째, 예수를 믿고 성령으로 거듭나야 합니다.
요한복음 14:9 요한복음 3:3
둘째, 회개하여 마음이 깨끗해야 합니다. 즉 죄가 없어야 합니다.
마태복음 5:8
셋째, 간절히 사모하고 만나기를 힘써야 합니다. 잠언 8:17

Note

지금 여러분 중에 아직도 하나님을 만나지 못했거나 만난 경험이 없는 분이 계십니까? 이미 하나님을 믿고 계시는 여러분들은 어떤 체험을 통하여 하나님이 존재하고 있음을 믿고 있습니까?

하나님이 존재하고 계시는데도 세상 사람들은 그것을 믿으려고 하지 않습니다. 오히려 강한 거부감을 표시하기도 합니다. 하나님은 하나님이 없다고 주장하는 사람들을 가리켜 어리석은 사람이라고 했습니다. 어리석은 사람들은 어떻게 됩니까?

1) **허무주의에 빠집니다.** 롬 1:28-32
2) **포악한 공산주의에 빠집니다.** 시 14:1
3) **인간의 존엄성을 파괴하고 진화론에 빠집니다.** 롬 1:21-25
4) **영원한 지옥 형벌을 받습니다.** 계 20:11-15

그렇다면 하나님의 존재하심을 믿고 잘 섬기는 자들에게는 어떤 축복이 있습니까?

1) **하나님의 사랑을 받습니다.** 잠 8:17
2) **재물과 영광과 생명의 축복을 받습니다.** 잠 22:4, 신 28:2-6
3) **손이 수고한대로 먹습니다. 처자식이 복을 받습니다.** 시 128편
4) **장수의 축복도 받습니다.** 잠 10:27
5) **남에게 존귀하게 여김을 받습니다.** 잠 3:3-4
6) **자자손손이 복을 받습니다.** 출 20:6

Note

이래도 하나님을 믿지 않겠습니까? 이래도 하나님을 믿다가 낙심하겠습니까? 이래도 하나님을 확실하게 믿지 않으시겠습니까? 여러분들은 어리석은 자가 되지 마시고 지혜로운 자들이 되시기 바랍니다. "하나님 사랑해요"라고 살며시 속삭여 봅시다.

Note

복 습 문 제

1. 사람이 하나님을 알 순 없지만 그래도 알 수 있는 두 가지 방법은 무엇일까요?
2. 공유적 속성과 비공유적 속성의 차이는 무엇일까요?
3. 공유적 속성을 아는 대로 적어보세요.
4. 비공유적 속성을 아는 대로 적어보세요.
5. 당신이 하나님을 알게 된 결정적인 이유를 적어보세요.
6. 천사와 인간과 짐승의 차이점을 설명해보세요.
7. 인간의 마음에 무엇이 하나님의 존재를 생각하게 만드는가요?
8. 당신은 가장 위급할 때 누구를 찾고 부르는가요?
9. 이 세상은 누가 만들었는가요?
10. 하나님에 대하여 아는 대로 적어보세요?
11. 예수님은 어디에서 오셔서 하나님을 보았다고 했는가요?
12. 하나님에게는 두 가지 큰 성품이 있다. 그것을 말해보세요.
13. 하나님과 사람과의 관계에서 알 수 있는 하나님의 속성은?
14. 하나님의 이름을 아는 대로 적어보세요.
15. 하나님의 진정한 이름이 없는 이유는 무엇인가요?
16. 하나님을 만나는 방법은 어떤 것일까요?
17. 하나님을 알고 믿으면 어떤 일이 생길까요?
18. 하나님을 모르고 믿지 않는 사람은 어떤 일이 생긴다고 했나요?

2 1부 _ 사도신경의 가르침을 따라
그 외아들 우리 주 예수 그리스도

1. 예수 그리스도

모든 교회는 그리스도의 교회라고 합니다. 그래서 기독교를 예수교라고 말하는 것입니다. 따라서 교회생활을 하면서 예수님이 누군신가를 바로 아는 것이 중요합니다. 이것이 바른 지식입니다. 예수님에 대한 바른 지식이 바른 신앙을 갖게 하고 바른 신앙을 가질 때 영생과 구원을 얻게 됩니다.

1) 예수님의 이름의 뜻
  (1) 예수 : 구원자란 뜻입니다(마 1:21).
   · 보통 자녀를 낳으면 아버지가 그 이름을 짓습니다. 예수님도 성부 하나님께서 친히 작명하여 주셨습니다. 다시 말하면 사람이 지은 이름이 아니라 하나님이 지은 이름이라는 것입니다.
   · 육신의 아버지인 요셉에게 아들을 낳으면 그렇게 이름하라고 말씀 하셨습니다(21절). 그 이름의 뜻은 자기 백성을 저희 죄에서 구원 할 자입니다.
   · 우리는 예수님의 이름의 뜻만 보아도 예수님이 이 땅에 오신 목적이 죄인들을 구원하시는 구속사역이라는 것을 알 수 있습니다.

Note

- 예수님이 오셔서 우리는 흑암에서 빛으로, 죄에서 의로, 사망에서 생명으로, 지옥에서 천국으로 인도함을 받았습니다(요 5 : 24).
  예수님 한 분만 그 일을 하실 수 있습니다. 예수이름 외에는 아무도 구원 얻을 만한 다른 이름을 주시지 않았기 때문입니다(행 4:12).
- 그러나 세상에서 그 아무리 위대하고 탁월한 자라도 예수님을 구주로 영접하지 않으면 결국은 모든 것이 허무로 끝나고 맙니다(시 39:11). 그분을 개인의 구주로 믿어야 합니다.

(2) 삼중직

그리스도는 직책 명인데, 기름 부음을 받은 사람을 말합니다. 구약시대에 유대민족은 선지자, 제사장, 왕을 세울 때 그 머리에 기름을 부어 세웠습니다. 그래서 그리스도란 말은 선지자, 제사장, 왕이라는 뜻입니다. 모두가 하나님 앞에서 백성을 대표하였고, 하나님의 말씀을 백성에게 전한 일을 하였습니다. 예수님의 직책이 바로 이 세 가지 일입니다.

- 예수 그리스도의 직분(officium Christi)에 대하여 그의 삼중직 munus triplex 연구가 그리스도를 이해하는 성경적이고 결실이 풍성한 방법으로 인정되어 왔습니다.
- 그의 세 직분은 성경에 보고된 그의 사역의 세 가지의 주요 범주이기도 합니다.
- 이 방법의 주요한 제안자인 존 칼빈은 "우리의 신앙이 그리스도 안에서 부여되는 구원의 경고한 기반을 발견하고, 그리하여 그 안에서 평안을 얻기 위하여, 성부가 그리스도에게 부여한 직분이 세 부

분으로 구성된다는 원리가 확립되어야 한다. 왜냐하면 그에게 선지자와 왕과 제사장이 되도록 직무가 부여되었기 때문이다."(기독교강요, II.xv.1)고 했습니다.
- 이 개념은 예수의 종합적인 칭호, 즉 하나님에 의해 기름부음 받은 자 또는 공식적으로 임명된 자를 의미하는 Christus에 기초하고 있습니다.
- 이스라엘의 신정 사회에서 이 세 직분이 하나님의 백성을 위해 기름 부음 받고 임명되었기 때문입니다.

요한복음 4:18-21에서, 예수님은 기름부음 받은 자의 오심을 예언한 이사야 61장이 성취되었음을 선언하였습니다.
- 예수님은 기름부음 받은 자, 즉 그리스도로서 삼중직을 완전히 성취하였습니다.

오토 베버는 그 중요성을 이렇게 설명합니다.
"그리스도는 자기 자신의 권위에 의존하여 행동하지 않았다. 그는 위임을 받았다." 그러므로, 그의 사역은 성부와 그의 백성에 대해 공식적이며, 우연이나 자의적이지도 않고, 하나님 공동체의 대표적 수행으로 확정됩니다. 그것은 그를 스스로 구원자라고 주장하는 모든 인간과 차별화합니다. 그는 성부 하나님의 위임에 철저히 순종한 분이었습니다.

2) 예수님의 성품
(1) 예수님은 하나님의 아들이십니다(막 1:1).
하나님의 아들이신 예수님은 이 세상에 오신 역사적인 분입니다. 모든 사람이 죄의 권세 아래서 신음하는 것을 해방시키려고 오신분입니다.

Note

- 예수님은 지극히 선한 사람이십니다(요 14).
- 예수님은 착한 일을 하신 분이십니다.
- 사람이시지만 죄를 짓지 않으신 유일한 분이십니다.

(2) 예수께서 하신 일이 무엇인가?

예수께서 하신 일은 너무나 많지마는 우리를 구원하시려고 행하신 일 몇 가지만 말씀드리겠습니다.

- 복음을 증거하셨습니다.
  - 가난한 사람, 고독한 사람을 위로하시고, 병든 자를 고쳐 주시면서 복음을 전하셨습니다(마 4:23-25).
  - 죄 많은 사람도 물리치지 않으시고 친근히 하시며 말씀을 전하셨습니다(눅 5:30-32).
  - 어린 아이들에게는 축복해 주시면서 교훈하셨습니다(막 10:13-16).

(3) 역사성을 가진 분이십니다.

모든 사람은 이 세상에 태어나면 반드시 세 가지는 있게 됩니다. 첫째는 고향, 둘째는 생일, 셋째는 행적입니다.

고향 : 예수님은 역사적 인물이기 때문에 유대 땅 베들레헴에서 나셨는데 이는 고향이 있다는 뜻입니다(마 2:5).
호적 : 예수님은 태어난 날이 있고, 죽으신 날이 있는 호적이 있는 분이셨습니다(눅 2:2-3).
행적 : 예수님은 사람과 같이 역사적인 행적이 있습니다(요 6:19). 예

Note

수님의 행적을 보면 어릴 때 나사렛에서 사셨고, 아버지밑에서 일했으며, 30세에 세례를 받고 복음을 전파하며, 12제자를 가르쳤고, 십자가에서 우리의 죄를 대신하여 죽었습니다. 죽은 후 3일 만에 살아나셨고, 하늘로 올라 가셨습니다. 그리고 다시 오실 것입니다.

4) 예언대로 오신 분

예수님은 메시아로 하늘에서 오신 분입니다(요 3:13, 6:38,42,62).
예수님은 천국에 계셨습니다. 영원 전부터 영(靈)으로 계시다가 성부 하나님의 보내심을 받아 이 세상에 오셨습니다(요 3:17, 6:57). 이 세상에 오실 때 다음과 같은 특수한 내용으로 오셨습니다.

(1) 동정녀 마리아의 몸에 성령님의 잉태로 탄생하셨습니다(마 1:20). 이렇게 될 것을 약 700년 전 선지자 이사야가 미리 말했는데 그대로 되었습니다.

① 탄생장소 …… 유대 땅 베들레헴(미 5:2).
② 처녀의 몸에서 ……. 모든 인간들처럼 부정모혈(父精母血)로 나지 않고 성령 잉태로 나실 것을 예고했는데(사 7:14) 그대로 이루어졌습니다.

(2) 하나님이 사람의 몸을 입으시고 탄생하신 것입니다.

우리 인간들은 인성(영혼, 육체)만 가졌지만 예수님은 신성과 인성을 가지신 분입니다(요 1:14). 그러므로 예수님은 하나님이시며 사람이십니다(요 10:30).

Note

5) 예수님의 업적

예수님은 십자가에 죽으심으로 하나님과 사람을 화목케 하셨습니다(골 1:20).
- 우리가 받을 형벌을 대신 담당하신 것입니다(벧전 2:24).
- 사람들에게 하나님 나라를 소개하셨습니다(마 9:35).
- 사람들에게 하나님을 아버지로 가르쳐 주셨습니다(요 20:17).
- 죽었다가 사심으로 우리에게 다시 사는 소망을 심어 주셨습니다(벧전 1:3).
- 지금도 하나님 우편에서 우리를 위하여 기도하십니다(행 7:56).

결론적으로 예수님의 십자가에 죽으심을 믿음으로 죄 용서함 받고 구원을 얻습니다.

5) 구원의 길

예수 그리스도를 통하여 우리가 얻게 되는 구원의 길에 대하여 말씀 드리겠습니다.
- 하나님은 당신을 사랑하십니다(요 3:16).

  "하나님이 세상을 이처럼 사랑하사 독생자를 주셨으니 이는 저를 믿는 자마다 멸망치 않고 영생을 얻게 하려 하십니다"고 하셨습니다.
- 그러나 모든 사람은 죄 때문에 이 큰 사랑을 받을 수 없습니다(롬 3:23).

  "모든 사람이 죄를 범하였으매 하나님의 영광에 이르지 못하더니"라고 하였고(롬 6:23) "죄의 삯은 사망이요"라고 하였습니다.
- 예수 그리스도께서 죄 문제를 해결하였습니다(벧전 2:24).

  "친히 나무에 달려 그 몸으로 우리 죄를 담당하셨으니 이는 우리로 죄에 대하여 죽고 이에 대하여 살게 하려하심이라. 저가 채찍에 맞음으로 너희는 나음을 얻었나니"라고 하였습니다. 또(롬 5:8) "우리가 아직 죄인 되었

Note

을 때에 그리스도께서 우리를 위하여 죽으심으로 하나님께서 우리에게 대한 자기의 사랑을 확증하셨느니라"고 하셨습니다.
· 영접, 즉 이제 당신도 예수님을 마음에 영접하고, 믿기만 하면 구원을 받습니다.
"영접하는 자 곧 그 이름을 믿는 자들에게는 하나님의 자녀가 되는 권세를 주셨으니"라고 요한복음 1:12에 말씀하였고, 계시록 3:20에 "볼지어다! 내가 문밖에서서 두드리노니 누든지 내 음성을 듣고 문을 열면 내가 그에게로 들어가 그로 더불어 먹고, 그는 나로 더불어 먹으리라"고 하였습니다.

이 시간 구원 받은 여러분은 이 사실을 마음에 다시 확인하시기 바랍니다.

예수님은 모든 믿는 자의 구주가 되십니다. 그래서 누구든지 주의 이름을 부르기만 해도 구원을 받습니다. 구원은 하나님의 선물입니다.

(1) 예수님은 모든 사람을 그 죄에서 구원하십니다(히 9:12, 10:12, 14).
· 따라서 죄악의 더러움과 그 세력 및 형벌에서 구원하여 주시는 분은 예수님 한분밖에 없습니다.
· 예수님은 인간을 마귀의 손아귀에서 구원하십니다(히 2:14).
모든 사람이 타락하여 마귀에게 속했고 붙들려 있으며, 끌려 다니며 종살이하고 있습니다(엡 2:2, 요 8:44). 그러므로 예수께서 그 권세에서 구원하여 자유하게 하시며 우리로 악마를 승리하게 하여 주십니다(요일 3:8).
· 예수님은 인간을 영원한 사망의 권세에서 구원하여 주십니다.

Note

죄의 값은 사망입니다(롬 6:23). 사망은 죄 때문에 생긴 것으로서 억만 인류를 멸망시키는 권세를 가진 것입니다. 사망의 권세는 모든 인류를 지옥으로 쓸어 넣습니다(눅 16:22-24). 그러므로 인간 중에 이 세력을 이길 자 아무도 없습니다.

그런데 예수님은 죽은 자 가운데서 다시 살아나셔서(부활) 사망의 세력을 깨뜨려 버리심으로써 믿는 사람들로 하여금 죽음의 해를 받지 않도록 하고 천국으로 인도해 주십니다(눅 16:22, 23:43). 그러므로 예수를 믿는 사람은 죽은 후에 천국으로 들어가게 되는 것입니다.

- 믿음은 말씀을 들음으로 얻는 것입니다(롬 10:17).
- 십자가에 못 박혀 속죄의 재물로 죽으셨습니다.
- 그런데 예수님은 우연히 죽은 것이 아니고, 성경에 기록된 예언대로 죽으셨습니다(사 53:1-5).
- 간혹 의인을 위해 죽는 사람은 있고, 사랑하는 사람을 위해 죽는 사람도 있습니다. 하지만 죄인을 위하여 대신 죽는 일은 예수님만이 하신 일이십니다. 그래서 그분의 죽음은 많은 사람을 살리고 의롭게 하는 죽음입니다(사 53:11, 롬 5:18).
- 주님은 죄인의 죄를 대신 짊어지고 갈보리 언덕 십자가에 달려 죽으셨습니다(사 53:6, 요 1:29). 하지만 예수님 자신은 죄가 없으십니다.

6) 예수님께서 하신 일이 무엇인가 ?

예수님께서 하신 일은 너무나 많지만 우리를 구원하시려고 행하신 일 몇 가지만 말씀드리겠습니다.

Note

- 복음을 증거하셨습니다.

  가난한 사람, 고독한 사람을 위로하시고, 병든 자를 고쳐 주시면서, 복음을 전하셨습니다(마 4:23-25).
- 죄 많은 사람도 물리치지 않으시고 친근히 하시며 말씀을 전하셨습니다(눅 5:30-32).
- 어린 아이들에게는 축복해 주시면서 교훈하셨습니다(막 10:13-16).
- 부활 하셨습니다.

  죽은 지 3일 만에 무덤에서 살아나셨습니다(막 16:1-6). 구약성경에 예언한대로 살아나셨습니다(시 16:10, 사 53:10, 단 12:2). 이레 중 첫날(일요일)에 살아나셨습니다(막 16:9). 그리고 하나님의 권능으로 살아나셨습니다.

  ① 성부의 권능으로(행 2:24, 3:15).

  ② 성자 자신의 권능으로(요 2:19, 10:18).

  ③ 성령의 권능으로(벧전 3:18).

죽음을 이기는 권능은 성삼위께만 있으므로, 장차 그 권능으로 우리들을 부활 시켜 주실 것입니다(마 22:29-32, 요 5:28-29, 롬 8:11).

- 부활하신 후 많은 사람에게 보여 주셨습니다. 막달라 마리아를 위시하여(요 20:16) 제자들에게 10번이나 보여 주셨습니다(고전 15:4-8, 요일 1:1-2).
  - 부활 하신 예수님의 몸은 물질과 시간과 공간을 초월하는 몸입니다.

    ① 뼈와 살이 있는 육체였습니다(눅 24:39, 요 20:27).

    ② 아무 교통 기관 없이 어디든지 가고 싶은 곳을 자유로 내왕 할 수 있는 몸입니다.

Note

③ 방문을 열지 않아도 자유로 출입하시는 신비스러운 몸이었습니다(요 20:19).
④ 식사를 할 수도 있고, 아니하고도 사는 이상적인 몸입니다(눅 24:30,42,43).
⑤ 죽지도 않고 썩지도 않는 몸입니다(고전 15:42).
⑥ 병들거나 늙지 않고, 영생하는 몸입니다(요 5:28-29, 단 12:2).
- 성경에 예언한대로 승천하셨습니다(시 24:7, 68:18).

결론적으로

예수님이 하신 일이 많지만 가장 중요한 일은 십자가에서 죽으신 일과 사흘만에 부활하신 일입니다. 이 때문에 우리는 우리의 죄가 예수님을 믿으면 사죄받는 다는 것을 믿게되고 예수의 부활을 믿음으로 우리도 부활할 것을 믿는 것입니다.

그후 주님은 40일 후에 감람산상에서 승천하셨습니다(행 1:3,12). 승천하실 때, 많은 제자들이 그 곳에 모여 목격했습니다(행 1:9-10). 승천하시기전 장차 세상 끝날 재림하실 것을 약속하셨습니다(행 1:10-11, 마 25:31). 그리고 우리에게 성령을 보내심을 약속하고 승천하셨습니다(행 1:4, 5, 8).

Note

복 습 문 제

1. 예수라는 이름의 뜻을 한 번 구체적으로 적어보세요.
2. 삼중직은 무엇이며 그리스도라는 이름의 뜻이 무엇인가요?
3. 주(主)라고 부르는 그 뜻이 무엇인가요?
4. 예수님은 어디서 오신 분인가요?
5. 동정녀 마리아에게 잉태될 것은 어디에 예언되어 있습니까?
6. 예수님의 성육신은 우리에게 어떤 의미가 있을까요?
7. 예수님이 하신 착한 일들은 어떤 것들이 있나요?
8. 예수님을 주라고 믿게 되면 어떤 일이 일어나나요?
9. 우리는 어떤 상태에서 예수님을 통해 구원받게 되나요?
10. 예수님께서 죽은신 곳은 어디인가요?
11. 예수님께서 죽으신 것은 누구의 죄 때문일까요?
13. 예수님의 부활이 우리에게 가르쳐 주는 진리는 무엇일까요?
14. 과연 성경은 부활에 대해 예언하고 있을까요?
15. 주님이 부활하신 날을 기념하여 무엇이 생겼나요?
16. 주님의 부활의 원인은 무엇일까요?
17. 예수님은 부활 후 누구에게 나타나셨을까요?
18. 예수님은 왜 부활후 제자들에게 나타나셨을까요?
19. 부활하신 예수님의 몸의 특징은 무엇일까요?
20. 부활 후 40일간 제자들과 함께 계시다가 어디로 가셨나요?
21. 승천하신 예수님은 지금 어디에 계시나요?
22. 승천하시는 모습을 지켜본 사람들은 얼마나 되나요?
23. 승천하실 때 우리에게 주어진 예수님의 두 가지 약속은 무엇일까요?

3

1부 _ 사도신경의 가르침을 따라

능력의 성령님

성령님은 어떤 분이시며 어떤 능력을 가지신 분일까요? 성경은 하나님의 삼일체적 모습을 계시하여 줍니다. 이 교리는 매우 어려운 교리입니다. 만약 사람이 이 교리를 만들었다면 결코 만들지 않았을 것입니다. 왜냐면 일반적인 인간의 이성(理性)에 이율배반적이기 때문입니다. 하지만 하나님의 존재하시는 형식은 그 자체가 미스터리이며 하나님의 고유한 영역이기에 우리는 단지 계시에 따라 믿을 뿐입니다.

삼위일체란 성부와 성자와 성령님이 세분의 공통적인 신적지위를 말씀합니다. 이 삼위 중 3째 위에 계신 분이 '하나님의 영(靈)'(사 61:1, 마 10:20)이라고도 하고, '그리스도의 영(靈)'(롬 8:9, 벧전 1:11)이라고도 하며, '성령님'이라고도 합니다(행 1:8).

1. 성령께서 이 땅에 오심

1) 성령님의 강림하심

· 가장 중요한 것은 창조시에 성령님이 관여하셨으며 계속적으로 우주를 운행하시며 섭리하고 계십니다(창 1: 3-10).

Note

- 성령님은 구약시대에도 간헐적으로 나타나셨습니다.
- 성령님은 사람과 함께 하시다가 인간의 범죄로 말미암아 잠시 떠나셨습니다(창 6:4).
- 그러나 예수께서 성령을 보내시겠다고 약속하심으로 다시 오셨습니다(행 1:8).
- 드디어 예수님이 부활 후 40일간 계시다가 승천하신지 10일 후에 강림하시어 약속대로 우리 가운데 오셨습니다(행 1:1-4).

2) 성령님의 사역

그러면 약속대로 다시 오신 성령님께서 하시는 일은 무엇일까요? 그리고 그 성령님을 받아 모실 수 있는 사람은 누구일까요?

- 성령님은 예수님의 길을 예비하십니다(요 16:13).
- 성령님은 죄를 깨닫게 하여 회개하게 하십니다(행 5:31-32).
- 성령님은 무엇보다 우리의 마음을 거룩하고 새롭게 변화시켜, 새 사람이 되게 합니다(요 3:5-6).
- 구원의 진리를 깨닫게 하고 믿게 합니다(요 14:26).
- 기쁨과 평안과 소망을 주십니다(롬 14:17, 15:13).
- 불의의 세력과 싸워 승리할 수 있는 지혜와 힘을 주십니다(마 10:17-20).
- 일할 수 있는 열심과 능력을 주십니다(행 1:8).
- 그리스도를 믿는 성도들 마음 중심에 좌정하셔서 지키시며 영원토록 동거하여 주십니다(요 14:16-17).

3) 성령님을 충만히 모시려면?

Note

성령님이 우리 가운데 오시는 흔적을 성령세례라고 합니다. 그러므로 성령님이 우리 가운데 들어오시는 경험은 한 번이면 되는 것입니다. 이는 거듭날 때 받는 것입니다. 거듭난(중생한) 성도는 모두 성령님의 세례를 받은 사람입니다(요 3:5, 딛 3:5).

그러나 성령의 충만은 중생한 성도가 여러 번 성령을 받음으로 되는 것입니다(행 2:4, 4:8, 31). 신자들 중 어떤 분은 성령 충만함을 받고, 어떤 이들은 받지 못하고 있는데, 누구나 충만함을 받아야 합니다.

성령을 충만히 받으려면 다음 몇 가지 일을 함께 힘써 실행해야 합니다.

· 기도 생활을 힘써 해야 합니다.

예수님께서 "너희 천부께서 구하는 자에게 성령을 주시지 않겠느냐"고 말씀하셨습니다. 예수님 승천하신 후 120명의 성도들이 마가의 다락방에 모여 합심하여 기도함으로 성령의 충만함을 받았습니다(행 2:1-4, 4:23-31).

· 성령 말씀을 듣고 배움으로 성령 충만함을 받습니다.

고넬료가 베드로를 청하여 하나님의 말씀을 듣는 중 거기 모인 모든 사람에게 성령이 충만히 임하셨습니다(행 10:1-5, 44-47).

· 회개하고 세례를 받음으로 성령 충만함을 받습니다.

베드로가 전한 말씀을 듣고 찔림 받은 많은 무리들이 "형제들아 우리가 어찌할꼬"할 때 베드로는 "너희가 회개하여 각각 예수 그리스도의 이름으로 세례를 받고 죄 사함을 얻으라 그리하면 성령을 선물로 받으리라" 했습니다(행 2:37-38).

Note

4) 성령님을 모신 증거가 무엇인가?

지혜가 있는 아이와 없는 아이가 있듯이, 지각이 있는 아이가 있고 없는 백치가 있듯이, 성령님이 우리 가운데 들어오시면 지각과 지혜가 생깁니다.

- 첫째, 하나님에 대한 지각이 생깁니다.
- 둘째, 예수님의 구원사역에 대한 이해와 지각이 생깁니다.
- 따라서 자신이 죄인 됨을 알아 멸망 받게 될 줄 깨닫습니다(눅 5:8, 요 16:8).
- 예수님을 속죄의 구주로 믿게 됩니다(고전 12:3).
- 하나님을 아버지라 부릅니다. 그 이유는 아들의 영(성령)을 받았기 때문입니다(롬 8:15).
- 성경에 기록된 진리를 깨닫게 됩니다(고전 12:12-14).
  성령께서 마음을 새롭게 또는 밝게 하여 주시기 때문입니다.
- 마음 가운데 평안과 감사함과 기쁨이 넘칩니다(엡 5:19-21).
  이는 성령께서 모든 좋은 선물을 주시기 때문입니다.
- 성령의 선물, 곧 은사를 받습니다.
  성령께서 나누어 주시는 은사의 종류가 많습니다(고전 12:4-11, 27-31).
  이 여러 가지 은사를 성령께서 자기 뜻대로 각 사람에게 각각 다르게 주십니다(고전 12:11).
- 결과적으로 성령의 9가지 열매를 맺게 됩니다.
  갈라디아 5:22 - 23에 기록된 9가지 열매는 다음과 같습니다.
  ① 사랑 ② 희락 ③ 화평 ④ 인내 ⑤ 자비 ⑥ 양선 ⑦ 충성 ⑧ 온유 ⑨ 절제. 이 열매들은 성령 받은 사람이면 누구나 맺는 성품과 행실의 열매입니다.

Note

복 습 문 제

1. 삼위일체 교리는 누가 만들었을까요?
2. 삼위일체 교리는 하나님의 어떤 속성을 말해줄까요?
3. 삼위일체중 셋째 위에 계신 분은 누구신가요?
4. 성령께서 사람들 가운데 계시지 않고 떠나신 이유는 무엇일까요?(창6:3-4)
5. 이 땅을 떠나신 성령님이 다시 오리라고 약속하신 분은 누구인가요?
6. 성령님은 누구의 약속대로 오셨나요?
7. 성령님은 언제 오셨나요?
8. 성령님은 오순절날 어디에 오셨나요?
9. 성령님은 오순절날 누구에게 임하셨나요?
10. 오순절날 마가다락방에서 성령의 강림을 받은 사람은 어떤 사람인가요?
11. 오늘 성령님은 누구에게 임하시나요?
12. 성령님이 오시면 우리에게 어떤 변화가 생기나요?
13. 성령님은 우리 죄를 왜 지적하시나요?
14. 성령님은 우리가 죄를 고백하면 우리에게 있는 죄를 어떻게 하시나요?
15. 성령님은 우리에게 내주하셔서 우리 마음을 어떤 방향으로 변화시키시는가요?
16. 성령님을 통하여 누구를 지각하게 되나요?
17. 성령님은 우리에게 어떤 구원의 진리를 깨닫게 하는가요?
18. 성령님께서 주시는 세 가지 은혜가 무엇일까요?
19. 성령님을 충만하게 모시는 비결이 무엇일까요?
20. 성령님을 모신 증거는 몇 가지가 되나요?
21. 성령님을 모시고 살면 마음 가운데 무엇이 넘치나요?
22. 성령의 9가지 열매가 기록된 책, 장, 절을 아시나요?
23. 성령의 9가지 열매를 적어보세요.

1부 _ 사도신경의 가르침을 따라
고난과 죄와 십자가

누구나 인간(人間)이라면 한 번 정도는 '나는 누구인가? 나는 어디서 왔다가 어디로 가는가?'를 생각지 않은 사람은 없을 것입니다. 파스칼은 인생(人生)을 "생각하는 갈대"라고 하였는데 이는 깊이 사색하지 아니하는 지성은 생각할 수 없고 성찰이 없는 생활은 살 가치가 없다는 것입니다. 그 이유는 사색을 포기하는 것은 정신적 파산의 선고나 다름없기 때문입니다. 인생은 삶에 대한 사색이 깊으면 깊을수록 진지한 삶을 살아가게 되는 것입니다. 여기에 종교의 가치가 있습니다.

종교는 사람이 하나님을 찾아가는 것입니다. 그래서 이 세상에 모든 종교는 자신들의 신을 만나고 찾기 위해 공(恭)을 드립니다. 또 고등종교는 한 결같이 사람의 불행이 죄 때문임을 인정하고 죄를 씻기 위한 방편(方便)을 가지고 있습니다.

하지만 기독교는 세상의 모든 다른 종교와 구별되는 죄 씻음의 방편을 소개합니다. 이것이 기독교의 특별성입니다. 그러면 기독교의 죄에 대한 인식과 또 죄 씻음의 방편(방법)에 대한 계시는 어떤 것인지 한 번 살펴보겠습니다.

Note

1. 인간의 존재성

기독교(基督敎)가 하나님께서 우주와 일체 모든 존재를 창조(創造)한 것을 믿는 종교라면 불교는 처음부터 절대자인 창조자를 인정하지 않고 일체의 모든 존재는 서로 원인(原因)이 되고 서로 관계가 되어서 인연(因緣)으로 생겨난다는 연기설(緣起說)을 믿는 종교입니다. 그래서 불교에서는 인간의 존재(存在)를 연기설에 의거한 오온설(五蘊說)로 설명하고 있습니다.

그러므로 성경적으로 볼 때, 죄에 대해 알기 전에 먼저 죄를 짓는 인간에 대해 이야기해야 합니다. 지구상에서 인간만이 죄에 대해 인식하며 인간만이 죄를 짓기 때문입니다. 그러므로 먼저 인간은 누구이며 어떤 존재이며 인간의 존재양식은 무엇인지 알아야 합니다.

1) 인간은 창조된 존재

사람은 창조된 존재입니다. 즉 목적적 존재라는 뜻입니다. 사람이 어떤 목적을 위해 만들어졌는지는 인간의 존재형태와 기능을 보면 알 수 있습니다. 하지만 어떤 사람들은 인간을 자연히 있게 된 것이라고 말합니다. 즉 우연적 존재란 것입니다. 우연적 존재란 뜻은 별 의미가 없는 존재란 뜻입니다. 또 어떤 사람들은 미생물에서 진화되었다고 주장합니다. 그래서 생물적 본능만 충족하면 된다고 말합니다.

하지만 우리가 조금만 더 유심히 살펴보면 인간은 우연히 만들어진 존재도 아니고 미생물에서 진화된 존재도 아닙니다. 인간은 고귀하며 귀중한 존재로 만물위의 으뜸입니다. 그래서 만물을 다스리며 정복합니다.

· 성경은 하나님께서 창조하셨다고 가르치고 있습니다(창 2:16-18).

Note

인류의 시조 첫째 사람의 이름은 "아담"인데, 그 뜻이 사람입니다.
- 인간은 하나님의 모양과 형상을 가지고 창조함을 받았습니다.
  창세기 1 : 26에 "우리의 형상을 따라 우리의 모양대로 우리가 사람을 만들고"라는 말씀이 그런 뜻 입니다.
- 인간은 신적인 속성과 동물적인 속성이 공유된 존재양식으로 창조되었습니다(창 1:25).

2) 인간은 양면적 존재

흙으로 만들어졌으나 하나님의 영을 담고 있기 때문에, 인간의 내면에는 두 가지 속성의 갈등이 있습니다. 첫째는 신적 속성 때문에 생기는 영원성에 대한 갈망입니다. 두 번째는 육신의 욕망을 따르고자 하는 동물적 속성의 유혹입니다.

- 죄는 육신적 욕망에 영적인 욕망이 굴복하여 생기는 것입니다. 왜냐면 인간의 육체의 재료는 흙이고 영혼은 하나님의 형상이기에 갈등이 생깁니다(창 2:7).

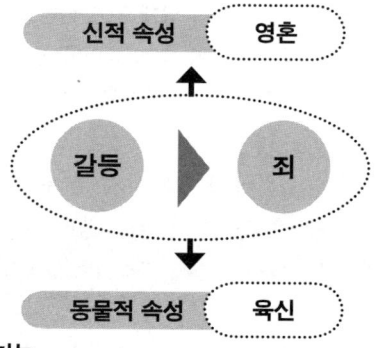

3) 영과 육의 기능

Note

- 영혼은 땅에 살면서도 하나님과 교제할 수 있는 기능을 가지고 있습니다.
- 육신은 생육하고 번성하기 위한 기능을 가지고 있습니다.

  남자와 여자를 지으시고 그들을 결합시켜 가정을 이루게 하시고 생육하고 번성하는 기능을 주셨습니다(창 1:28, 2:22-25).

4) 인간의 본분

세상 모든 만물은 그 존재하는 본분과 목적이 있습니다. 사람은 존재 형태 때문에 두 가지 본분이 있습니다. 이원론적인 설명이긴 하지만 크게 나누어보면 영적인 부분에 대한 본분과 육신적인 부분의 본분이 있을 수 있습니다. 따라서 하나님의 특수 창조로 된 인간에게는 더욱 중요한 부분이 있습니다. 그것을 간단하게 표현한다면 만물을 정복하고 지배하는 위치에서 하나님을 영화롭게 하는 것입니다.

- **만물의 주인으로 다스려라**

  고린도 전서 10:31에 "그런즉 너희가 먹든지 마시든지 무엇을 하든지 다 하나님의 영광을 위하여 하라"고 했고,

- **하나님을 대리하라**

  구약 전도서 12:13에는 "하나님을 경외하고 그 명령을 지킬찌어다. 이것이 사람의 본분이니라"고 했습니다.

  하나님께서 인간에게만 자기 형상을 주신 것은 하나님과 친근히 살면서 영광 돌리고 진심으로 공경하고 순종하여 복을 받도록 하시기 위함입니다.

Note

2. 인간의 곤고함

인간의 불행과 곤고는 언제 시작되었을까요? 땅에 사는 사람치고 괴로움, 어려움, 슬픔, 두려움을 당하지 않는 사람이 없고, 부상당하고 실패하고 병들고 노쇠하고, 죽는 이 모든 불행을 면하는 사람이 없습니다. 왜 그럴까요? 고등종교들은 이에 대에 인간의 정욕과 마음의 욕심 때문인 칠정오욕(七情五慾)때문이라고 했습니다. 일곱 가지의 정욕과 5가지의 욕심이 인간을 108가지의 번뇌에 빠지게 한다고 했습니다. 한 마디로 말해 인간의 "욕심이 장성한즉 죄를 낳고 죄가 장성한즉 사망을 낳는다"고 한 성경말씀과 일치합니다.

1) 육신과 죄
인간의 죄는 육신의 죄입니다. 즉 인간의 육신이 범죄를 부추깁니다. 하지만 범죄를 통하는 죽는 것은 영입니다.

· 인간의 허물과 죄로 인간은 죽은 존재입니다(엡 2:1-2).
즉 인간은 아담의 범죄 이후 모든 사람이 죄의 유전을 받게 된 때문입니다. 모든 인류가 불행하게 되는 것은 인간의 시조 아담이 범죄하여 타락했기 때문입니다.

· 아담은 인류의 대표자로 범죄했습니다.
그는 인류의 조상입니다. 그는 그의 후손의 대표자이므로 그의 성공과 실패는 그 후손에게 미치는 것입니다. 그러므로 만민이 그의 타락의 영향을 받은 것입니다.

Note

· **아담은 하나님의 명령을 범했습니다(창 3:1-7).**

에덴동산에서 선악을 알게 하는 나무의 과실은 따 먹지 말라고 명하셨는데, 마귀의 미혹을 받아 따 먹음으로써 범죄하여 타락하게 된 것입니다.

· **아담과 하와는 에덴동산에서 쫓겨났습니다(창 3:24).**

여기서 인류의 불행은 시작된 것입니다.

이 때문에 낙원에서 쫓겨난 인간은,

    ① 하나님을 두려워하게 되고(창 3:8)

    ② 해산하는 고통과 수고를 하게 되고(창 3:16)

    ③ 먹고 살기 위하여 종신토록 수고와 땀을 흘리게 되었고(창 3:17-19)

    ④ 죽어 흙으로 돌아가게 되고(창 3:19)

    ⑤ 형제간에 분한 마음을 갖게 되고(창 4:6)

    ⑥ 살인하게 되었습니다(창 4:8)

2) 모든 인간에게는 두 가지 죄가 있습니다.

    ① 원죄…… 아담을 위시하여 조상 대대로 전하여 내려온 죄성입니다.

    ② 자범죄(本罪)…… 유전된 죄성을 가지고 자신이 범한 죄악입니다.

그러므로 지상(地上)에 죄 없는 자는 하나도 없습니다(롬 3:9-10).

성경은 스스로 죄 없다는 자는 거짓말쟁이라고 했고(요일 1:8), 만일 죄를 범치 아니했다 하면 하나님을 거짓말쟁이로 만드는 일이라고 했습니다(요일 1:10).

· **죄악은 반드시 무서운 댓가를 치루어야 합니다.**

죄를 범하면 반드시 벌이 따라오는 것입니다. 자녀가 부모에게, 군인이 상

Note

관에게, 국민이 국가에 죄를 지으면 반드시 해당한 벌을 각각 받는 것입니다. 하물며 하나님께 범죄하고 어떻게 벌을 받지 않을 수 있겠습니까? 그러므로

    ① 죄인은 하나님의 영광의 나라에 들어 가지 못합니다(롬 3:23).
    ② 하나님의 진노의 형벌을 받습니다(요 3:36).
    ③ 심판과 멸망을 받습니다(롬 2:6-10). 죄인이 심판 받아 들어가는 곳을 지옥 불못이라고 했습니다(눅 16:24, 계 14:10). 그 불은 세세토록 붙는 불이며, 그 불 속에서 영원토록 고통을 당하게 된다고 했습니다(마 25:41, 46). 거기는 죽을 수도 없는 곳이라고 했습니다(막 9:48). 그러므로 죄 값으로 받는 멸망의 고통이 얼마나 무서운 것인가를 알 수 있습니다.

3) 죄와 벌

아담의 범죄는 그 후손에게 큰 영향을 끼쳤습니다. 즉 죄가 무서운 것은 죄에는 그에 따른 댓가가 이중으로 나타나기 때문입니다. 죄를 짓게 되면 본인이 징벌을 받을 뿐 아니라 하나님에게서도 멀어지게 됩니다. 그래서 죄는 징계가 따르기에 무서운 것입니다.

· **죄를 짓는 자마다 하나님의 심판을 받습니다.**
  죄의 삯은 사망이요(요 6:23), 한 번 죽는 것은 사람에게 정하신 것이요, 그 후에는 심판이 있으리니(히 9:27)

· **죄를 짓는 자는 하나님으로부터 격리됩니다.**
  모든 사람이 범죄하매 하나님의 영광에 이르지 못하더니(요 3:23)

Note

· **아담의 죄는 그 후손에게 유전하여 왔습니다.**

지구상의 모든 인류는 아담의 혈통으로 번성되었습니다. 그런데 그 혈통을 따라 죄성(罪性)이 유전됨으로 아담의 죄악은 모든 인류에게 물들어 있습니다(롬 5:12).

4) 죄악을 해결하는 방법이 무엇인가 ?

사람의 중대한 죄를 없이하는 방법은 무엇일가요? 전통적으로 종교를 보면 좀 더 고등한 종교는 한 결 같이 속죄의 제사가 있습니다.

1. 인력으로는 해결할 수 없습니다.

(1) 사람의 선행이나 수양이나 공적으로 해결할 수 없습니다.

바울 사도는 "율법의 행위로는 그 앞에 의롭다 함을 받을 육체가 없느니라"(롬 3:20, 갈 2:16) 고 했습니다. 그 이유는 인간에게 연약성과 죄성이 있기 때문에 불가능 하다는 것입니다.

(2) 인간 중에 죄를 용서해 줄자는 아무도 없습니다.

왜냐 하면 인간 모두가 죄인이기 때문입니다. 그러므로 자기 죄 때문에 남의 죄를 책임 질 수도 없고 용서해 줄 권한도 없습니다.

2. 인간들의 죄는 예수님만이 용서해 주십니다.

인생은 U-turn이 없는 일회적인 삶입니다. 이렇게 한 번만 살다가는 인생을 후회한다면 얼마나 안타까운 일입니까? 되돌리려 해도 되돌릴 수 없는 불쌍한 처지가 됩니다. 죄도 그렇습니다. 한 번 지은 죄는 용서받을 길이 없고 죄가 없던 지점으로 되돌아갈 수 없습니다.

그러나 오직 예수께서 "인자가 땅에서 죄를 사하는 권세가 있는 줄 너희로 알게 하리라"(막 2:10)고 선포하셨습니다. 이 말씀은 예수께서 하나님께로

Note

부터 사죄의 권한을 받아 가지고 오셨기 때문에 말씀하신 것입니다(마 28 : 18). 그러므로 누구든지 예수님께로 나와 그를 믿기만 하면 죄 문제를 깨끗이 해결할 수 있습니다.

"전에 악한 행실로 멀리 떠나 마음으로 원수가 되었던 너희를 이제는 그의 육체의 죽음으로 말미암아 화목케 하사 너희를 거룩하고 흠 없고 책망할 것이 없는 자로 그 앞에 세우고자 하셨으니"(골 1:21-22)

· **우리의 죄는 예수 그리스도를 믿음으로 해결됩니다(골 1:14).**
 그를 믿음으로 죄를 깨끗하게 용서 받게 되는 것입니다.

· **믿지 아니하면 죄가 해결되지 않는다고 하셨습니다.**
 예수께서 "너희가 만인 내가 그 인줄 믿지 아니하면 너희 죄 가운데 죽으리라"(요 8:24)고 말씀하셨습니다.

· **믿기만 하면 죄 사함을 받는다고 하셨습니다.**
 사도행전 10:43에 "저를 믿는 사람들이 다 그 이름을 힘입어 죄 사함을 받는다 하였느니라"고 했습니다. 예수님 옆에서 십자가에 달려 죽게 된 강도는 죽기 전 잘못을 뉘우치고 예수를 믿었습니다. 그러므로 그는 예수님께 용서를 받았으며 "오늘 네가 나와 함께 낙원에 있으리라"는 구원의 허락까지 받았습니다(눅 23:39-43). 죄를 해결하는 유일의 길은 예수를 믿는 그것뿐입니다.

Note

복 습 문 제

1. 인간이 이 세상에 생겨난 원인은 무엇인가요?
2. 사람은 우연히 존재하게 된 존재라는 이야기는 사실인가요?
3. 사람이 진화하였다는 설에 대해 사실이라고 믿나요? 믿는다면 확실한 근거를 설명해 보세요.
4. 아담이 창조된 후 제일 먼저 받은 명령은 무엇일까요?
5. 아담과 하와란 이름의 뜻이 무엇인가요?
6. 우리 인간의 창조의 특징은 무엇일까요?
7. 삼위일체 되신 하나님께서 인간을 창조하실 때 특별히 하신 일이 무엇일까요?
8. 사람이 동물과는 다르게 창조된 부분이 무엇일까요?
9. 인간의 창조목적은 무엇일까요?
10. 인간의 고통과 불행의 원인은 무엇인가요?
11. 아담의 범죄가 원죄로 유전되는 이유와 끼친 영향은 무엇인가요?
12. 인간의 범죄는 왜 무서운 결과를 가져다 주나요?
13. 아담과 하와의 원죄와 고범죄의 차이를 설명해 보세요.
14. 죄를 처리할 수 있는 방법은 무엇일까요?
15. 죄에 대한 당신의 생각은 어떤 것인가요?
16. 사람이 사람의 죄를 사할 수가 있을까요?
17. 왜 예수님만이 우리의 죄를 사하실 수 있나요?
18. 예수님의 속죄는 왜 완전한 것일까요?
19. 속죄를 받는 조건은 무엇일까요?
20. 예수님의 사죄는 우리에게 어떤 영향력을 줄까요?

5 1부 _ 사도신경의 가르침을 따라
거룩한 교회

1. 교회란 무엇인가?

한 사람이 예수를 믿으면 그 시간부터 세상을 떠날 때까지 교회와 끊을 수 없는 관계를 맺게 됩니다. 하나님의 자녀에게는 교회란 신앙의 어머니며 요람입니다. 마치 엄마 품을 떠난 갓난아기가 살아남을 수 없는 것과 같이 신자는 교회를 떠나서는 건전한 신앙을 유지할 수 없습니다. 지상의 교회가 비록 완전하지 못하고 종종 통탄할 만큼 타락을 하는 일이 있지만 그것이 교회의 존재 의미를 무너뜨릴 수는 없습니다.

우리가 교회를 긍정하든 부정하든 상관없이 신앙생활을 시작한 이상 교회 안에 있는 자들이며, 하나님은 교회를 통해 일하십니다. 왜냐하면 교회는 예수 그리스도의 몸이요 우리는 그의 몸에 접붙여진 지체이기 때문입니다. 그러므로 교회는 무엇인가를 올바르게 이해하는 사람은 교회란 바로 우리 삶의 현장이며, 생활 영역의 중심이라는 사실을 감사하게 받아들일 것입니다.

1) 교회를 누가 세우셨습니까?(마 16:18)

교회는 인간의 창작물이 아니라 주님이 친히 세우시고 친히 약속하신 기관

Note

입니다. 하나님이 직접 세우신 기관이 두 개 인데, 하나는 창세기에 세우신 가정이고 두 번째는 신약에 세우신 교회입니다. 그러므로 그 누구도 이 두 기관을 폐지할 수 없습니다.

· **교회를 어떻게 정의할 수가 있습니까?**

교회라는 말은 헬라어의 "에클레시아"에서 유래된 것으로 "불러 모으다"라는 뜻으로서 예수 그리스도를 믿고 하나님께 영광돌리기 위해 모인 공동체를 의미합니다. 교회의 머리는 예수 그리스도요 신자는 그 지체로서 유기적 관계를 가지고 있습니다(고전 12:27).

· **교회는 하나님의 성전입니다.**

그렇습니다. 그리고 고린도전서 3장16절을 찾아보시면, 교회는 하나님의 성전이라고 하였으며, 또 하나님의 거하실 처소라고도 기록되어 있음을 알 수 있습니다(엡 2:22).

2) 예수님을 믿으면 누구든지 자연적으로 교회의 일원이 됩니다. 왜 그렇습니까?

· 예수님과 성도와의 관계는 불가분의 관계입니다(골 1:18, 고전 12:27).
· 성도와 성도와의 관계도 절대 분리할 수 없는 절대 관계입니다(고전 12:13).

3) 교회가 하는 중요한 일은 무엇일까요?

· 하나님께 예배를 드리는 일입니다(요 4:24).
· 하나님의 말씀을 가르치는 곳입니다(마 9:35).

Note

- 성례를 집행하는 곳입니다(고전 11:24)
- 복음전파와 구제를 하는 곳입니다(행 1:7-8, 4:32-37)

4) 교회의 본질은 무엇입니까?
- 교회는 각 지체가 다르나 하나를 이루고 있습니다(공동체)(롬 12:5).
- 교회는 거룩하며, 우리 몸은 거룩한 성전입니다(거룩성)(고전 3:17).
- 하나님, 예수님, 성령님이 하나이며, 믿음도 하나입니다(단순성)(엡 4:3).
- 음부의 권세가 이기지 못합니다(불변성)(마 16:18).

2. 그리스도인이 지켜야 할 교회 생활 지침

당신은 이제 예수 그리스도를 믿음으로 하나님의 자녀로서 구원의 확신과 변화된 삶을 통해 하나님을 찬양하며 영광 돌리는 삶을 살게 되신 줄 압니다. 이제부터 교회 생활에 있어서 공동체의 일원으로서 협조하고 도와야 할 일과 지켜야 할 일이 무엇인지 숙지해 봅시다.

1) 필수적인 교회 생활지침

그리스도인으로서 당신이 이해하고 외워야 할 필수적인 것들은 무엇입니까? 그리스도인은 "주기도문"과 "사도신경" 그리고 "십계명"을 반드시 외워야 합니다. 주기도문이 우리 주님께서 그의 제자들에게 가르쳐 주신 모범적인 기도라면, 사도신경은 사도들이 증거한 신앙과 교훈의 총체로서 유혹적인 이단 사상에서 바른 신앙을 모든 그리스도인들이 가지게 하는데 있습니다. 십계명은 하나님께서 시내산에서 모세에게 주신 율법으로서 그리스도

Note

인이 지켜야 할 계명인 것입니다. 주기도문, 사도신경, 십계명은 찬송가 뒤에 기록되어 있으니 꼭 외워 주시기 바랍니다.

2) 교회에 협조하여야 할 일은 무엇입니까?
· 항상 목사님과 직분자들을 위하여 기도해 주는 일입니다.
· 갑작스럽게 긴급한 일이 발생할 때는 아무 때나 좋으니 연락해 주시기 바랍니다.
· 주일날 교회에 사정상 나오지 못할 경우에는 당신을 위해 기도할 수 있도록 꼭 연락해 주어야 합니다.
· 교회에서 여러분의 가정에 심방할 때는 기쁜 마음으로 환영하시고, 예배를 은혜스럽게 드릴 수 있도록 협조해 주시기 바랍니다.
· 주소나 인적 사항의 변동이 있을 때는 사전에 알려 주시기 바랍니다.

3) 그리스도인들은 주일을 어떻게 지켜야 합니까?
주일은 하나님께서 제정한 거룩한 날로서, 예수 그리스도는 주일 아침 부활하심으로 주일의 주인공이 되셨습니다. 주일을 어기는 것은 하나님이 세우신 법을 어기는 것이며, 그리스도인의 본분을 파괴하는 죄를 범하는 것입니다. 주일에는 세상일과 오락 등을 피하고, 팔고 사는 일체의 모든 거래를 하지 않는 것이 원칙입니다. 주일에는 모든 예배에 정성을 다하여 참석함으로써 하나님께 영광과 감사를 돌리도록 해야 합니다.

4) 설교를 듣는 방법
설교를 들을 때는 사사롭게 비판하는 자세로 들어서는 안되며, 지금 당신의 삶속에서 들려주시는 하나님의 말씀으로 받아 들여야 합니다. 설교에 은혜

Note

를 받게 되면 믿음이 생기고, 성장하며, 죄를 깨닫고 성령충만함으로 거룩한 삶을 살 수 있습니다. 교회는 예수 그리스도를 자기의 생명의 구주로 믿는 사람들이 모인 단체입니다. 교회는 예수님을 믿는 사람들이 모여서 하나님께 예배드리는 곳입니다. 따라서 지역별로 그 이름이 다르고 교파별로도 그 이름이 다를 수 있습니다.

· 최초의 교회인 예루살렘 교회는 120명이 성령의 충만함을 받음으로 시작이 되었습니다.
· 우리 교회는 _____ 교회입니다.

5) 교회의 일원이 되려면,
· 제일먼저 예배당에 나와야 합니다.
· 등록용지에 이름, 주소, 생년월일을 적어서 안내석에 제출합니다.
· 목사님이나 전도사님이 가정으로 방문합니다. 이를 심방이라고 합니다.
· 방문이 끝나면 다음 주일에 소개를 합니다. 이로써 교회의 일원이 됩니다.
· 등록을 마치고 신입교우부에서 공부하고 6개월간 예배에 빠짐없이 참석하면 학습문답을 거쳐 서약하고 학습교인이 됩니다. 학습교인이 되면 학습부에서 10시간 공부합니다.
· 학습문답후 6개월간 신앙생활을 잘하면 세례문답을 거쳐 세례를 받습니다.
· 세례를 받은 때부터 완전한 교인이 되며 공동의회의 회원권, 성찬 참여권 등이 있습니다.

이상이 교인이 되는데 거치는 과정입니다만, 그러나 가장 중요한 것은 성령께서 여러분의 마음을 움직여 예수님을 믿게 하신점입니다.

Note

3. 교회의 직분

교회에 처음 나오면 생소한 것도 많고 모르는 것도 많으며 일하는 사람에 대한 호칭도 생소합니다. 그래서 기본적인 교회의 직분와 직제를 이해해야 할 이유가 여기에 있습니다.

1) 목사
교회의 대표자요 영적 지도자며 치리하는 분입니다.
· 그리스도의 양(羊)인 교인을 감독하는 목자며(벧전 5:2~4)
· 그리스도를 봉사하는 종 또는 사자(使者)며(고후 5:20)
· 교인의 모범이 되어 교회를 치리하는 장로며(벧전 5:1~3)
· 그리스도의 말씀으로 교인들을 깨우치는 교사며(딤후 1:11)
· 구원의 복된 소식을 전하는 전도인이며(딤후 4:5)
· 하나님의 도(道)를 전할 책임을 맡은 청지기입니다(눅12:42).
· 또 목사는 하나님의 말씀으로 교훈하며, 성례를 거행하고 교인을 축복하며 장로와 협력하여 치리권을 행사합니다.

2) 장로
장로는 세례 받고 신앙생활을 잘하여 7년이상 된 남자로 30세가 넘으면 교회가 공동의회에서 투표하여 2/3의 지지표를 얻은 자로 교회의 고시에 합격하고 임직한 분입니다.
· 장로는 목사와 협력하여 교회의 행정과 권징을 관리하며,
· 교회의 영적 성장을 살피고
· 교인들이 교리를 오해하거나 도덕적으로 부패하지 않도록 권면하며,

Note

· 회개하지 않는 자가 있을 때 당회에 보고 합니다.

3) 집사
· 30세 이상 된 남자로서 세례 받고 무흠(無欠) 5년이 경과한 사람 중에서 공동의회에서 투표하여 2/3의 지지를 얻은 사람을 당회가 시취하여 임직한 분입니다. 이를 안수집사라고 합니다. 교회의 각종 봉사의 이를 맡아 무보수로 일하는데 헌금을 수납하고 구제의 일을 합니다. 안수집사 외에 서리 집사가 있으니 1년간을 집사의 일을 하도록 당회가 해마다 임명합니다.

4) 권사
45세 이상의 여자로서 세례 받고 무흠 5년이 지난 사람을 공동의회에 투표하여 2/3의 지지를 얻은 자를 당회가 시취하여 임지한 분입니다. 권사는 교역자를 도와 궁핍한자와 환란당한 교우를 심방하고 위로하며, 교회에 덕을 세우기 위해 힘씁니다.

5) 전도사
세례 받고 무흠 5년이 지난 자로 신학교나 성서학원을 졸업한 후 노회 전도사 고시에 합격한 분입니다. 당회 또는 목사가 관리하는 지교회를 시무하는 유급 교역자로 심방과 전도를 담당합니다.

Note

결론적으로

교회란 무엇인가? 교회란 건물이 아닙니다. 건물을 교회라고 하는 사람이 있으나 그것은 예배당 또는 교회당입니다. 교회는 예수님을 구주로 믿는 사람의 단체입니다(고전 1:2). 하나님께서 구원 시켜주신 사람들의 단체입니다(고전 1 : 2). 교회란 말의 뜻은 "불러 모았다"는 것입니다.
그리고 교회는 하나님의 영광을 위하여 예배를 드리며 찬송을 드리며, 기도를 드리는 곳입니다.

4. 성례에 대하여

교회의 성례에는 (1)세례와 (2)성찬 두 가지가 있습니다. 이 두 예식은 예수께서 세상 끝날 때까지 교회가 공적으로 거행하라고 명령하셨기 때문에 교회의 성례라 합니다(마 28:19, 눅 22:19-20, 고전 11:23-26).

1) 세례란 무엇인가 ?
세례는 성령(불)세례와 물세례가 있는데, 그 뜻은 다음과 같습니다.

· **성령 세례**
성령으로 깨끗함과 새롭게 하여 주심을 받는 것인데, 믿을 때 성령이 임하사 거듭나 새사람으로 만드시는 그때 받는 것을 말합니다.
· **물세례**
그리스도를 믿어 죄 씻음을 받고 그리스도와 연합하여 하나님의 자녀가 되

Note

고 모든 은혜의 약속에 동참한 것을 인치고 표하는 것입니다. 그러므로 성령 세례 받은 사람이라야 물 세례를 받을 자격자가 되는 것입니다.

2) 유아 세례란 무엇인가 ?

이는 어린 아이(만 2세 이하)에게 베푸는 물세례입니다. 세례 받은 부모가 자기 자녀를 신앙으로 양육할 책임을 지겠다고 서약할 때 어린이에게 베풀게 됩니다.

3) 세례의 양식

세례를 베푸는 양식은 교파에 따라서 약간 다릅니다. 어떤 교파는 침례를 하고, 또 다른 교파는 목사가 성 삼위의 이름으로 물을 머리에 적시는 방법으로 세례를 베풉니다.

4) 성찬이란 무엇인가 ?

세례 받은 무흠 교인들이 떡과 포도즙을 먹고 마시는 예식입니다. 떡은 우리 죄를 위하여 십자가에서 몸을 찢으신 예수님의 죽으심을 기념하는 것이요, 포도즙은 예수께서 피 흘려 우리 죄를 속량해 주신 것을 기념하는 것입니다.

5) 왜 성찬 예식을 거행하는가 ?

예수께서 우리를 위하여 몸 버려 피흘려 죽으심으로 우리가 속죄함을 입고 구원을 얻었다는 성경 말씀이 있으나 피 흘려 죽으신 이 사실은 너무나 잊을 수 없는 은혜롭고 감격스러운 일이므로, 이를 상징하는 물질을 직접 먹고 마시면서 기념할 필요가 있기 때문입니다.

Note

6) 성찬 예식에 참여함으로써 얻는 것

- 참여하는 신자의 신앙이 성장합니다.
- 하나님의 은혜를 더 받으며 또 은혜를 보존하는 유익을 얻게 됩니다.
- 그리스도에 대한 사랑이 더욱 견고해집니다.
- 더욱 활기 있는 경건한 생활을 하게 됩니다.

7) 성찬에 참여하는 자의 마음 가짐

- 자신의 부족과 죄를 회개하는 마음을 가져야 합니다.
- 다시는 죄를 범치 않겠다는 각오와 결심을 가질 것입니다.
- 나를 위하여 죽어 주신 것을 감사해야 합니다.
- 자신을 주께 바치고자 뜻을 정해야 합니다.
- 예수 그리스도를 마음으로 먹어 심중에 영접해야 할 것입니다.

8) 성례는 1년에 몇 번 거행하나요?

교회마다 동일하지는 않으나 보통 연 2회(춘추) 거행합니다.

9) 학습이란 무엇인가?

학습은 진리를 공부하기로 작정하는 절차로서, 믿기로 작정하고 6개월 정도 지나서 간단하게 문답을 하고 받는 것입니다. 우리 한국 교회에만 있는 제도인데, 세례 받을 준비를 충실히 하기 위하여 세우는 것입니다. 학습 받은 지 6개월이 지나면 세례 문답을 하고 세례를 받습니다.

Note

결론적으로

목사와 장로로 조직되며, 당회장은 목사입니다. 당회는 교인의 신앙 생활을 살피며, 학습, 세례, 입교할 자를 문답하며, 세례식과 성찬식을 관장합니다. 예배를 주관하고, 소속 기관을 감독하며, 직원을 임직합니다.(장로, 집사, 권사, 전도사) 교회의 재정확보를 생각하고, 재산을 관리합니다. 범죄자를 치리하며, 행정적 문제들을 맡아 결정하고 시행합니다.

또 제직회는 목사, 장로, 집사, 권사, 전도사, 서리집사 전원입니다. 회장은 목사가 되며, 교회의 재정 문제를 의결 처리하며, 각종 봉사활동을 담당합니다. 필요에 따라 부서를 둘 수 있습니다. (서무부, 재정부, 전도부, 교육부, 봉사부, 관리부, 사회부, 묘지부, 상례부, 경조부, 음악부, 차량부, 해외선교부 등)

Note

복 습 문 제

1. 교회는 무엇이고 왜 예배당이라고 할까요?

2. 교회는 어떻게 세워졌나요?

3. 교회가 하는 일은 그 첫째가 무엇일까요?

4. 교회에서는 무엇을 배우게 되나요?

5. 교회의 주된 일은 무엇이며 이를 위해 교회는 어떤 직제를 가지고 있나요?

6. 교회는 누구와 교제하는 곳일까요?

7. 교회에서 가장 힘써야 할 일은 무엇일까요?

8. 교회는 그 고유한 목적을 이루기 위해 어떤 직분들을 가져야 할까요?

9. 장로직의 목적은 무엇일까요?
   특히 장로가 목사님에 대해 어떤 자세를 가져야할까요?

10. 안수집사와 서리집사의 차이는 무엇일까요?

11. 교회 내에서 권사님들이 하는 일이 무엇일까요?

12. 교회 내에서 서리 집사가 하는 일은 무엇일까요?

13. 교회의 최고 의결 기관은 무엇일까요?

14. 교회의 공동의회 회원은 누가 될까요?

15. 교회 내에서 공동의회의 소집권자는 누구일까요?

16. 교회 내에서 공동의회를 소집하기 한주일 전에 할 일이 무엇인가요?

6 1부 _ 사도신경의 가르침을 따라
부활과 영생

육신을 가졌지만 영을 가진 인간은 육신이 소멸된 후에도 영생을 살게 됩니다. 하지만 하나님 나라에서 영생을 사는 것은 구원받은 성도들의 몫이고 예수 그리스도를 믿지 않고 죽은 사람들은 지옥이라는 영벌(永罰)에 들어갑니다.

성경에는 분명히 천국과 지옥에 대하여 명시하고 있습니다. 이것을 살펴보면서 우리 그리스도인들은 확고한 내세관을 가져야 합니다.

1. 천국은 어떤 곳입니까?

천국은 어떤 곳입니까? 다음의 성경 구절을 찾아 읽고 기록해 주시기 바랍니다.

· 천국은 주 하나님의 집입니다(마 6:9).
· 준비된 사람을 위해 마련된 처소입니다(고후 5:1).
· 천국은 안식처라고 불립니다(히 4:9).
· 천국은 낙원이라고 불립니다(고후 12:4).

Note

1) 우리가 가는 하나님의 나라(천국)는 어떠한 특징을 가지고 있습니까?

- 천국은 하나님께서 계시는 높고 거룩한 곳입니다.
- 그곳은 죽음과 눈물, 슬픔과 고통이 없는 곳이며, 예수를 믿고 구원받은 그리스도인은 모두가 다 그곳에서 영생을 누리게 됩니다.
- 천국은 생명수가 흐르는 깨끗한 강과 열두 종류의 과실나무가 있는 아주 완벽한 곳입니다.
- 그곳은 저주가 없으며, 완전한 무죄 상태에서 오직 하나님의 영광만이 있는 곳입니다.

2. 지옥은 어떤 곳입니까?

1) 저주받은 자들이 가는 곳

- 저주받은 자들과 마귀들을 넣기 위해 준비된 영원히 타는 불못입니다(마 25:41).
- 지옥은 영원히 벌을 받는 곳입니다(마 25:46).
- 지옥은 고통이 있는 곳입니다(눅 16:19-31).

예수님께서는 최후의 심판을 말씀하시면서 악인은 영벌로 가고, 의인은 영생으로 갈 것이라고 하셨습니다. 성경은 영원한 고통의 처소를 지옥이라고 하며, 지옥불, 풀무불, 무저갱, 어두운 구덩이로 표현하고 있으며, 그곳에는 악인이 받는 고통의 기간은 밤낮으로 영원히 고통을 받는다고 하였습니다. 다음 본문을 찾아보세요. 지옥에서의 고통에 대해 예수님이 말씀하고 계시는 곳입니다(막 9:48-49).

Note

2) 이 고통의 지옥에는 누가 갑니까?

성경은 지옥에 가는 사람에 대해 명시하여 놓았습니다. 형제에게 미련한 놈이라 한 자, 마귀와 그의 사자, 말씀을 거부 한 자와 범죄 한 천사, 거짓 선지자와 짐승, 흉폭한 자와 살인자, 우상 숭배자와 거짓말하는 자가 갑니다. 좀 더 쉽게 말하면 모든 사람들이 예수를 믿지 않고 회개하지 않을 때 지옥에 들어가게 되는 것입니다.

천국과 지옥에 대해 살펴보다 보면 우리는 구원에 대해 연결시켜 살펴보아야 합니다.

· 구원이란 건져낸다는 뜻이 있습니다.
· 과학, 경제, 의학, 정치가 아무리 발전해도 지옥을 향하여 죽어 가는 한 생명을 구원해 낼 수 없습니다. 만약 우리가 발전시킨 정치, 경제, 의학, 과학중 하나가 그와 같은 일을 할 수 있다면 주님은 십자가에서 죽으시지 않으셨을 것입니다. 과연 기독교는 무엇이며, 무엇을 주는 종교입니까? 기독교는 빵, 건강, 지식, 권세를 주는 종교가 아닌 생명을 주는 영생의 종교입니다. 죽어 가는 영혼을 살려내는 종교입니다. 평생 동안 마귀에 매어 죄악의 종노릇하다가 지옥으로 끌려가고 있는 인생들을 구원하는 생명의 종교입니다.

3. 영생의 확신

생명을 주는 종교는 기독교를 오늘날 많은 사람들이 믿고 있습니다. 그러나 많은 사람들이 영생(구원)에 대한 확신이 없는 것 같습니다. 여러분은 어떻습니까? 두 가지의 질문에 답해 주시기 바랍니다.

Note

■ 두 가지 질문
1) 만일 당신이 오늘밤 죽는다면 천국에 들어갈 자신이 있습니까?

2) 천국은 어떻게 갈 수 있다고 생각하십니까?

하나님의 나라(천국)는 돈이나 공로, 자격, 선한행동 등으로 얻어지는 것이 아니라, 천국은 값없이 주시는 하나님의 선물입니다.

영생은 순수한 선물처럼 값없이 받는 것이기 때문에 우리가 아무리 돈을 많이 내고 공로를 쌓고 종교적인 행위로 어떤 자격을 얻는다 해도 그것으로 천국의 영생을 얻을 수는 없습니다. 당신의 소중한 친구가 귀한 선물을 준비해 가지고 와서 당신을 깜짝 놀래 주려고 하는데 당신이 즉시 지갑을 꺼내 들고 선물 값 얼마를 갚기 위해 돈을 만지작거린다면 얼마나 모욕적인 행동이겠습니까! 선물은 값없이 거저 받아야만 선물입니다. 한 푼이라도 지불을 하면 그것은 더 이상 선물이 아닙니다. 천국의 영생을 얻는 것도 이와 마찬가지입니다.

· 벧전 1:18-19
· 엡 2:8-9

4. 믿음에 대하여

1) 믿음의 대상은 누구인가?
· **사람이 못 믿을 것을 믿어서는 안됩니다.**
허무한 것을 믿거나, 거짓된 것을 믿거나, 허약한 것을 믿는다면 그는 큰 손

Note

해를 보게 될 것이요, 결국은 실패할 것입니다(사 2:20-22).

· **신앙의 대상은 하나님이십니다.**
예수께서 "하나님을 믿으니 또 나를 믿으라"(요 14:1)고 하셨습니다. 성 삼위 하나님 외에는 모두 참되지도 못하고, 영원하지도 못하며, 완전하지도 못합니다. 인간이 자기보다 못한 만물을 의지하거나 믿는 것은 어리석은 일입니다. 인간 이상은 하나님뿐입니다. 전능하신 하나님 외에 아무 것도 믿을 수 없습니다.

2) 믿음의 출처가 어디인가?
믿음은 사람이 자기 마음으로 만들어 가지는 것이 아닙니다. 선행으로 마련하거나 연구하여 가지는 것도 역시 아닙니다.

· **믿음은 하나님의 선물입니다(엡 2:8).**
가장 귀한 선물인데, 하나님께서 구원하시기로 미리 택하여 놓으신 자들에게 주시는 것입니다.

· **성경 말씀과 성령의 감동으로 주십니다.**
하나님께서 믿음을 성경 말씀과 성령의 감동하시는 역사를 통하여 주십니다(롬 10:17, 고전 12:9). 성경 말씀을 읽거나 들을 때 성령께서 마음을 열어 주시며, 밝게 하여 진리를 깨닫게 해 주시는데, 이 때 믿음까지 주시는 것입니다.

· **믿음의 실제 방법이 무엇인가?**

Note

믿음은 대상을 생각만 하는 것이나, 대상에 대한 관념만을 가지는 것이나, 믿는다는 관심만을 가지는 그런 것이 아닙니다. 참 믿음은 나와 믿음의 대상(하나님)과 깊은 관계가 맺어져야 합니다.

· **믿음은 먼저 마음을 열고 예수님을 영접하는 것입니다(요 1:12).**

· **그 다음은 자신을 예수님께 맡기는 것입니다.**

참 믿음은 예수님을 영접하고 나를 의탁하는 일로 연합 일체를 이루는 것입니다(계 3:20, 요 17:21). 나무의 접목 원리와 마찬가지로, 우리가 예수님께 접붙여 짐으로 그의 생명을 얻게 되고 의를 얻어 하나님앞에 설 수 있게 되는 것입니다.

3) 믿음의 표준은 무엇인가?

자기 뜻대로 믿거나, 믿고 싶은 대로 믿는 것이 아니라 성경 말씀대로 믿어야 합니다(요 20:31). 디모데 후서 3:15에 "성경은 능히 너로 하여금 그리스도 예수 안에 있는 믿음으로 말미암아 구원에 이르는 지혜가 있게 하느니라"고 했습니다.

결론적으로

마태복음(마 19:16-22, 막 10:17-31, 눅 18:18-30)에 보면 한 젊은 부자 청년이 예수님을 찾아옵니다. 그리고 예수님께 묻습니다.
"선생님, 제가 영생을 얻으려면, 무슨 선한 일을 해야 합니까?"

Note

이에 예수님은 계명을 지키라고 말씀하신 후, 그가 계명을 모두 지켰다고 하니까 이어 말씀하십니다.
"내가 네게 한 가지 부족한 것이 있는데 네 재산을 팔아 가난한 이에게 선한 일을 하라"
이렇게 말씀하셨습니다. 그러자 부자 청년을 근심하여 돌아갔습니다. 예수님은 이어 말씀하시기를 부자가 하나님나라에 들어가기가 매우 힘들다고 말씀하셨습니다. 그러면 이 본문은 영생과 부활에 어떤 의미가 있을까요? 그것은 선한 일을 통하여 영생을 얻으려고 한다면, 그 선한 일에 또 한 가지의 선한 일이 더 요구되는 패턴 때문에, 결국 선한 일을 통하여서는 구원을 얻을 수 없다는 것을 보여줍니다. 그리고 선한 이는 오직 한분 하나님이시기에 우리는 결코 선한 일을 할 수도 없는 것입니다.

· 부활과 영생은 인간의 행실에서 주어지는 것이 아니라, 바로 하나님의 은혜에서 주어지는 것입니다.

(행 16:30) 빌립보 감옥의 간수는 "내가 어떻게 해야 구원을 얻을 수 있겠습니까?" 질문했습니다. 그 질문은 진정의 질문이었습니다. 그러나 우리가 "~을 해야"가 아니라 하나님의 은혜로 구원이, 천국이 주어지는 것입니다.

Note

복 습 문 제

1. 사람이 못 믿을 것을 믿어도 괜찮을까요?

2. 신앙의 궁극적 목적은 무엇일까요?

3. 믿음으로 우리가 하나님께 받는 선물은 무엇인가요?

4. 하나님의 선물중 가장 귀한 것은 무엇이라고 생각하나요?

5. 부활은 누가 하나요?

6. 영생은 어떤 삶일까요?

7. 영생을 얻으려면 우리가 무엇을 해야 하나요?

8. 하나님 나라(천국)의 안식은 무엇을 가져야 얻을 수 있나요?

9. 이 귀한 믿음을 가지려면 무엇을 통해 가질 수 있나요?

10. 믿음의 증거는 어디에서 알 수 있나요?

11. 믿음을 통하여 얻게 된 것은 무엇일까요?

7

1부 _ 사도신경의 가르침을 따라

재림과 영화

우리는 사도신경을 외울 때 몸이 다시 사는 것(부활)과 영원히 사는 것을 믿는다고 고백합니다. 이것이 부활과 영생입니다. 그런데 그에 앞서 주님의 재림이 있다고 고백합니다. "저리로서 산자와 죽은 자를 심판하러 오신다"는 것입니다. 그래서 모든 신자는 주님의 재림을 기다리며 우리 몸이 영화롭게 될 날을 사모하며 기다려야 합니다.

1. 재림은 주님의 약속

성경은 사도행전 1:11에서 "가로되 갈릴리 사람들아 어찌하여 서서 하늘을 쳐다보느냐 너희 가운데서 하늘로 올리우신 이 예수는 하늘로 가심을 본 그대로 오시리라 하였느니라"고 하면서 승천하신 예수님이 다시 재림하실 것을 예언하고 있습니다.

· 예수님께서는 부활하시고 얼마동안 이 땅에 계셨나요? (40일)
· 예수님과 제자들이 마지막으로 만난 장소는 어디인가요? (감람산)
· 하늘로 올라가신 예수님께서 부탁하신 것은?
  (성령을 받고, 온 땅에 복음을 전파하라)

Note

- 예수님께서 하늘로 가신 후 천사들은 제자들에게 무엇이라 했나요?
  여러분들이 본 그대로 이 땅에 다시 오실 것이라고 했습니다.
- 예수님께서 언제 이 땅에 오실까요?
  10년 후, 20년 후, 아니면….100년 후….
  하늘로 올라가신 예수님께서는 이 땅에 언제 다시 오실까요? 함께 배워봅시다.

2. 세상 종말과 예수의 재림

이는 예수께서 이 세상 끝 날에 재림하신다는 것입니다(계 1:7, 벧전 4:7).

1) 성경의 예언

성경에 재림과 영화로운 날이 있을 것이라고 하는 예언은 구약에도 있고 신약에도 있습니다. 먼저 재림에 대한 예언을 살펴보면 다음과 같습니다.

(1) 구 약
① "인자 같은 이가 하늘 구름을 타고 와서"(단 7:13)라고 했고,
② 또 "네 왕이 임하나니"(슥 9:9)라고 했습니다.

(2) 신 약
① 인자가 오신다(마 24:27, 37, 39).
② 그리스도의 오심(살전 2:19, 3:13, 4:15, 5:23, 살후 2:1, 8, 약 5:7, 8, 벧후 1:16, 3:4).

Note

③ 그의 오심(고전 15:23).

2) 세상 종말이 있을 것이라는 예언
 (1) **구약** ▶ 세상 멸망(사 34:2-4, 욜 2:31, 3:15).
 (2) **신약** ▶ 불 심판(벧후 3:10-12, 눅 17:28-30).

3) 예수님의 재림 시에 진행되는 일
 (1) 예수께서 공중에 재림하심(살전 4:17).
 (2) 지구상의 전 인류가 알도록 재림하심(계 1:7, 눅 21:35).
 (3) 죽은 성도가 땅에서 부활될 것임(단 12:2, 살 4:16).
 (4) 살아 있는 경건한 성도는 변화될 것임(고전 15:51-52).
 (5) 부활 변화된 성도들은 공중으로 끌어 올림을 받아 주님을 만나게 됨(살전 4:17).
 (6) 지상에는 무서운 환난이 쏟아질 것임(벧후 3:10, 12).

그러면 정말 세상 종말이 가까웠다는 성경의 예언이 이루어지고 있을까요? 성경에서 미리 말씀 하신 종말이 일어나리라는 일들이 많이 이루어지고 있습니다. 그것을 요약하면 다음과 같습니다.

· **많은 사람이 빨리 왕래할 것임(단 12:4).**
말세에 교통 기관이 발달될 것을 예언한 것입니다.
· **사람의 지식이 더할 것임(단 12:4).**
말세가 되면 지식수준이 최고도로 발달될 것임을 말한 것입니다.
· **이스라엘이 독립할 것임(사 54:1-17, 60:1-22).**

Note

2000년 동안 나라를 잃고 세계 각국에 흩어져 살던 이스라엘이 국권을 회복하여 나라를 회복할 것이 예언되었습니다. 학자들은 이스라엘이 실제 독립하기 전까지는 이 예언을 믿으려고 하지 않았습니다. 하지만 이제 성경은 그 예언이 이루어졌고 따라서 주의 재림의 예언도 이루어질 것이라는 것을 의심할 수 없게 되었습니다.

3. 예수님의 현재 모습

그러면 천국에 올라가신 예수님께서는 그 곳에서 무엇을 하고 계실까요?
· **우리가 예수님을 잘 믿고 천국에 갔을 때 거할 집을 준비하십니다.**
[요한복음 14장 2절] 주님은 말씀하시길 "내 아버지 집에는 너희들이 있을 곳이 많이 있다. 만일 그렇지 않다면 내가 너희에게 이런 말을 하지 않았을 것이다."고 하시면서 염려하지 말고 기다리라고 하셨습니다.
· **주님은 지금 우리들을 위해 기도하고 계십니다.**
[로마서 8장 34절] "누가 감히 죄가 있다고 판단하겠습니까? 죽으신 분은 그리스도 예수이십니다. 그분은 죽으셨을 뿐만 아니라, 다시 살아나 하나님의 오른편에 앉아 계시면서 우리를 위해 중보 기도를 하고 계십니다"라고 기록되어 있습니다.

2) 예수님께서는 이 땅에 다시 오신다고 하셨습니다.
· 예수님께서는 이 땅에 왜 다시 오실까요?
  이 땅을 심판하시기 위해서입니다.
· 하나님을 믿고 말씀대로 살았던 사람과, 하나님을 믿지 않고, 죄를 지으

Note

며 살았던 사람들을 심판하러 오십니다.
- 말씀대로 살았던 사람들은 영생의 복을 받게 되고, 죄인들은 벌을 받게 됩니다.
- 그 심판의 때는 언제일까요? 언제 예수님께서 심판하러 오실까요?
  그러나 이 날을 아는 사람은 아무도 없습니다(마 24:36)
  "그러나 그 날과 그 때는 아무도 모르나니 하늘의 천사들도, 아들도 모르고 오직 아버지만 아시느니라"
- 예수님께서 다시 오셔서 심판하실 날은 오직 하나님만이 아십니다.
- 이 땅에 사람들이 예수님께서 언제 오신다고 날짜를 정해놓고 말하거나, 심판이 언제 일어난다고 계시를 받았다고 말하는 것은 모두 거짓된 말입니다.
- 이 땅의 심판의 날은 아무도 모릅니다.

그 이유는 이것을 아시는 분은 오직 하나님 한 분 뿐이시라고 성경에 기록해 놓았기 때문입니다.
- 성경에는 이 심판의 날이 도적같이 갑자기 온다고 기록되어 있습니다.

결론적으로

그러면 예수님께서 갑자기 오실 때, 예수님을 믿지 않은 사람들은 어떻게 될까요? 예수님을 믿지 않는 사람은 지옥에 갑니다. 예수님께서 갑자기 오시더라도, 말씀을 지키며 살았던 사람은 어떻게 될까요? 예수님의 큰 상을 받습니다. 그래서 우리는 예수님께서 언제 오실지를 모르기 때문에 우리들은 어떻게 살아야 할까요? 언제 예수님을 만나더라도 부끄럽지 않도록, 항

Note

상 말씀대로 살며, 예수님 오심을 기대하며 기다려야 합니다. 이제 예수님 오실 날이 얼마 남지 않았습니다. 예수님 오실 날을 믿음으로 준비하는 성도들이 됩시다.

Note

복 습 문 제

1. 재림은 언제 일어나나요?

2. 재림하시는 이유는 무엇일까요?

3. 재림시에 일어나는 징조는 무엇일까요?

4. 재림시에 주님은 어떤 모습으로 오실까요?

5. 주님이 재림하실 때 성도들은 어떻게 될까요?

6. 믿지 않는 자들은 주님의 재림때에 어떻게 될까요?

7. 주님은 지금 어디에 계시나요?

8. 주님이 승천하셔서 지금 하시고 계신 일 두 가지를 요약해보세요.

9. 주님의 재림으로 세상은 어떻게 변하나요?

10. 당신이 주님의 재림을 본다면 당신은 어떻게 될까요?

11. 교회는 주님의 재림시에 어떻게 될까요?

12. 재림과 관련하여 날짜를 이야기하는 것은 옳은가요?

13. 왜 재림의 날짜와 시간을 우리는 알 수 없을까요?

14. 사람들이 재림의 날짜를 알려고 시도하는 것은 옳은 일일까요?

15. 당신은 재림을 기다리는 성도입니까? 아니면 그 반대입니까?

2부
주기도문의 가르침을 따라

하늘에 계신 우리 아버지, 아버지의 이름을 거룩하게 하시며
아버지의 나라가 오게 하시며, 아버지의 뜻이 하늘에서와 같이
땅에서도 이루어지게 하소서. 오늘 우리에게 일용할 양식을 주시고,
우리가 우리에게 잘못한 사람을 용서하여 준 것같이
우리 죄를 용서하여 주시고, 우리를 시험에 빠지지 않게 하시고
악에서 구하소서.
나라와 권능과 영광이 영원히 아버지의 것입니다. 아멘

8

2부 _ 주기도문의 가르침을 따라

아버지 하나님의 자녀가 됨

우리는 사도신경과 함께 주님이 가르쳐주신 기도문(주기도문)을 통하여 신앙의 표준을 배우게 됩니다. 주기도문은 이렇게 시작합니다.

"하늘에 계신 우리 아버지여!"

즉 모든 신자는 예수 그리스도의 은혜로 죄씻음을 받고 새롭게 거듭나 하나님의 자녀가 됩니다. 그래서 우리는 하나님을 감히 나의 "아바"(아빠와 같은 히브리말)와 "아버지"로 부르게 되는 것입니다. 이것은 참으로 놀라운 특권이며 신분의 변화입니다.

1. 어떻게 하나님의 자녀인 것을 알 수 있습니까?

1) 첫째로 하나님의 말씀을 통해 얻어지게 됩니다.

· 성경은 예수님을 믿고 영접한 자는 하나님의 자녀이며(요 1:12) 그는 영생을 가진 자라고 언급합니다(요 5:24).

· 우리는 그리스도를 우리의 심령과 인생의 구주로 모셔들이셨습니까? (만일 영접하지 않으셨다면 지금 곧 영접의 기도를 드리십시오) 지금도 변함없이 예수 그리스도를 믿고 계십니까? 그렇다면 우리는 지금 영생을 소유

Note

하고 있는 것입니다.

"또 증거는 이것이니 하나님이 우리에게 영생을 주신 것과 이 생명이 그의 아들 안에 있는 그것이니라. 아들이 있는 자에게는 생명이 있고 하나님의 아들이 없는 자에게는 생명이 없느니라"(요일 5:11-12)

2) 하나님께서는 신자의 심령을 깨우쳐서 신자가 하나님의 자녀임을 증거하여 성령을 주십니다.

- 성령이 친히 우리 영으로 더불어 우리가 하나님의 자녀인 것을 증거하시 나니(롬 8:16)
- 우리가 세상의 영을 받지 아니하고 오직 하나님께로서 온 영을 받았으니 이는 우리로 하여금 하나님께서 우리에게 은혜로 주신 것들을 알게하려 하심이라(고전 2:12)

3) 하나님의 명령을 통해서 우리가 하나님의 자녀인 것을 알게 됩니다.

그의 계명을 지키는 자는 주 안에 거하고 주는 저 안에 거하시나니 우리에게 주신 성령으로 말미암아 그가 우리 안에 거하시는 줄을 우리가 아느니라(요일 3:24)

- **당신은 하나님의 자녀가 되었음을 알게 됩니다.**

  영접하는 자 곧 그 이름을 믿는 자들에게는 하나님의 자녀가 되는 권세를 주셨으니(요 1:12-13)

- **당신은 영원한 생명을 얻었음을 알게 됩니다.**
- 내가 진실로 진실로 너희에게 이르노니 내 말을 듣고 또 나 보내신 이를 믿는 자는 영생을 얻었고 심판에 이르지 아니하나니 사망에서 생명으로 옮겼느니라(요 5:24)

Note

- **하나님께서 예비하신 자녀로서의 풍성한 새 삶을 누리게 됩니다.**

  도적이 오는 것은 도적질하고 죽이고 멸망시키려는 것 뿐이요 내가 온 것은 양으로 생명을 얻고 더 풍성히 얻게 하려는 것이라(요 10:10)

4) 믿음으로 아버지의 나라에 갑니다.

다른 것으로는 얻지 못하는 최고의 귀한 것을 믿음을 가짐으로써만 얻게 됩니다. 그 귀한 것이란?

- 죄 사함을 통해 먼저 구원 받고 하나님을 아버지라 부르며(갈 4:6, 행 10:43).
- 하나님께 의롭다함을 얻어 영생을 받습니다(롬 3:22, 28, 30, 요 3:26, 5:24).
- 하나님의 자녀가 되어 하나님 나라에 가는 권세를 얻습니다(요 1:12, 갈 3:26, 히 4:3, 요 14:1-3).
- 아버지의 나라에 가는 날까지 성령의 은사를 받습니다(갈 3:14, 엡 1:13).

5) 자녀의 놀라운 특권

① 자녀가 되면 특권도 받습니다(요 1:12).
② 자녀가 되면 후사가 되는데 곧 후계자의 자리와 유산도 상속받는 다는 의미입니다(롬 8:17).
③ 자기 아버지 나라에 가서 영화롭게 삽니다(마 13:43).
④ 하나님의 자녀로서 아버지로부터 응답이 옵니다(요 16:24).
⑤ 하나님의 자녀에게 걸맞는 권능도 주십니다(행 1:8, 막 16:17).
⑥ 은사로 모든 것을 주십니다(롬 8:32).

자녀가 되었다면 우리 삶에 분명히 무언가 다른 변화가 있어야 하는데 그런

Note

변화가 진정 당신에게 있기를 바랍니다.

결론적으로

우리가 하나님의 자녀가 되고 확신 가운데서 사는 것을 시기하는 자가 있습니다. 그는 바로 영적인 방해자요 훼방꾼인 사탄입니다. 사탄은 우리가 하나님의 자녀라는 확신 가운데서 사는 것을 막고 하나님께서 우리의 심령에 이루어 놓으신 일에 대하여 의심을 품게 합니다. 비록 육성으로는 들리지 않지만 사탄은 우리의 마음 속에 아래와 같이 속삭일 것입니다.

" 다만 그리스도를 믿고 영접한다고 해서 네가 구원받고 죄를 용서받게 된다고 믿느냐? 어림도 없어. 결코 그것만으로는 안돼!"

이러한 사탄의 속삭임에 대해 우리는 무슨 말로 대답하겠습니까? 이번 과에서 공부한 내용을 다시 한 번 살펴보고 하나님의 약속을 마음속에 새겨놓으십시오. 하나님의 말씀을 통해서 우리는 주 예수 그리스도를 소유하게 되었음과 그와 더불어 영생을 갖게 되었음을 확신하고, 하나님께서 약속하신 풍성한 삶을 누리며 살게 될 것입니다.

Note

복 습 문 제

1. 우리가 하나님의 자녀인 것을 누가 가르쳐 줍니까?

2. 하나님의 자녀가 되는 방법은 무엇입니까?

3. 하나님의 자녀들이 누리는 특권은 무엇일까요?

4. 하나님의 자녀로서의 긍지를 말해보세요?

5. 하나님의 후사가 된다는 것은 어떤 의미일까요?

6. 아버지 나라에 간다는 것은 어떤 의미일까요?

7. 하나님의 자녀와 마귀의 자녀의 차이점은 무엇일까요?

8. 하나님의 자녀로서 기도응답이 오는 이유는 무엇일까요?

9. 주님은 우리에게 어떤 지위를 주셨나요?

9 2부 _ 주기도문의 가르침을 따라
주일과 예배와 헌금

우리는 주일에 주기도문에서 가르쳐 주신대로 아버지의 이름을 거룩히 예배해야 합니다. 구원받은 하나님의 자녀는 매일 예배를 드려야 하지만 특히 주일을 지켜 반드시 예배를 드려야 할 것은 그것이 신앙의 고백과 불가분의 관계에 있기 때문입니다.
항상 구약 시대에 이스라엘 백성들은 율법하에서 이레 중 마지막 날을 안식일로 지켰습니다. 그러나 신약 시대에 와서는 이레중 첫날(일요일)을 주일로 지킵니다.

1. 첫날이 주일이 된 이유?

왜 이레 중 첫날을 주일로 지키게 되었을까요? 그것은 그날이 교회에 특별한 의미가 있는 날이기 때문입니다. 그리고 그날에 주님이 부활하셔서 잠자는 자들의 첫 열매가 되셨기 때문입니다. 그래서 모든 교회는 이레중 첫날을 주의 날(主日)로 지키는 것입니다.

1) 안식일은 주일의 그림자

Note

- 구약의 안식일은 신약의 안식일(주일)의 그림자요 모형입니다(골 2:17).
- 주일은 예수님의 부활로 사단과 죽음의 권세가 파멸되고, 이 날이 새 창조의 날이 되며, 온 세상에 새로운 소망을 주신 날이기 때문입니다.
- 주일은 성령 강림하신 날이기 때문입니다.
- 성경에 보면 신약교회 설립 시초부터 주일을 지켜 왔기 때문입니다.

3) 주일을 어떻게 지켜야 하는가?

- 하나님께서 이스라엘 백성들에게 안식일을 거룩하게 지키라고 하신 그 원칙대로 이레 중 첫째 날을 하나님의 날로 구별하여 세상 일반 일을 멀리하고 거룩하게 지켜야 합니다.
- 이 날은 성도들이 함께 모여 예배를 드리고 성도들끼리 그리스도 안에서 교제하여 성경 공부, 가정 심방, 환자 위문, 구제, 전도, 기독교 서적을 읽는 일, 그 밖에 경건한 일을 할 것입니다.

4) 주일을 지킴으로 얻는 유익(사 58:13-14)

- **육체의 건강을 얻습니다.**

우리의 육체는 하나님의 선물임으로 소중히 보존해야 합니다. 과로는 병의 원인이 됩니다. 한 주간 일에 시달리던 육체가 노동으로 쉬게 됨으로 피곤이 풀리고 새로운 힘을 얻게 됩니다.

- **정신상의 건강을 얻습니다.**

정신과로도 큰 해가 됩니다. 복잡하고 분주한 일에 동분서주하면서 신경을 씀으로 피로가 겹쳐있으나 주일날 세상의 모든 일을 다 잊어버리고 쉼으로 회복되고 새로운 힘을 얻게 됩니다.

Note

· **심령이 강건해집니다.**

예배 시간에 주시는 말씀과 은혜로 심령이 뜨거워지고 새 힘을 얻습니다. 예배 시간은 하나님께 영광 돌리는 시간이며, 주시는 은혜와 보배를 받는 시간이므로 배부름을 얻고 시원함을 얻는 것입니다.

· **교회가 발전하고 생업이 축복을 받습니다.**

주일을 잘 지킴으로 교회는 날로 부흥 발전하고, 은혜로운 교회가 되는 것입니다. 그리고 주일 성수를 함으로써 개인의 생업도 하나님의 축복을 받아 왕성하게 됩니다.

2. 주일 예배?

예배는 하나님께 예절을 갖추어 경배드리는 것입니다. 성도의 생활이 곧 예배라고 할 수 있습니다. 특별히 정한 시간에 모여서 함께 예배를 드립니다. 예배에는 찬송, 기도, 설교, 봉헌 등의 순서가 있습니다. 과거에는 제사를 지냈으나 이제는 예배를 드립니다.(예수님 이후에) 모든 교인들은 정규적 예배에 반드시 참석하여야 합니다. 예배 시간은 단정하고 엄숙하고 경건한 태도를 가집니다. 순서, 성경, 찬송이외의 다른 것을 보지 말고, 귓속말이나, 인사나 곁눈질도 삼가합니다. 영아들은 어른예배에서 떠드는 것을 하지 못하도록 잘 지도합니다. 탁아실에 맡기면 됩니다.

1) 예배의 종류

예배는 하나님께 드리는 일이므로 시종 경건해야 하며 시작시간에 늦지 말

Note

것이며, 끝 순서까지 다 참석한 후에 앞좌석부터 나갑니다.
구약 시대에는 성전이나 회당에 모였습니다. 그러나 신약 시대에는 예배당에 모이는 것을 원칙으로 하고, 그 외에 교회가 정하는 장소에 모여 예배합니다(요 4:24). 예배드리는 목적은,

- 하나님께 영광 돌리기 위함입니다.
- 자신이 은혜 받고 믿음이 성장함을 받기 위함입니다.
- 다른 사람을 그리스도 앞으로 인도하기 위하여 예배합니다(고전 14:23-25).
- 주일예배 : 주일날 오전 11시에 드립니다.(주일예배)
- 주일오후예배(찬양예배) : 주일 오후에 드립니다.
- 수요일예배(수요일기도회) : 수요일 저녁에 드립니다.
- 구역예배 : 구역별로 구역장의 인도로 드리는 예배이며, 금요일에 모입니다.
- 특별절기예배 : 부활절, 감사절, 성탄절 등에 드리는 예배입니다.
- 새벽기도회 : 날마다 이른 새벽에 드리는 예배입니다.

2) 예배의 순서

예배의 순서는 주보에 인쇄되어 나옵니다. 주보는 그 주일에 있는 교회의 제반 소식을 알리는 것입니다. 예배는 사회자가 말없이 진행하므로 모든 순서를 잘 보고 그대로 따르면 됩니다. 아래는 주일 낮예배의 순서입니다.

· **오 르 간** : 마음을 준비하는 시간입니다.
· **송　　영** : 목사님이 등단하고 시작의 종이 울리면 온 교우가 기립하여 개회 찬송을 부릅니다.

Note

- **기　　원** : 목사님이 예배를 위해 드리는 기도입니다.
- **찬　　송** : 순서의 찬송을 찾아 부릅니다.
- **성시고독** : 찬송가 뒤에 적혀있는 교독문을 번호를 따라 찾아 목사님과 교우가 번갈아 읽어 갑니다.
- **신앙고백** : 찬송가 뒤에 있는 사도신경을 함께 암송하므로 온 교우들이 신앙을 고백합니다. 찬송 후 앉습니다.
- **찬　　송** : 순서의 찬송을 찾아 부릅니다.
- **기　　도** : 온 회중을 인도하는 기도로 주로 당회원들이 돌아가며 기도합니다.
- **성경봉독** : 그날 설교할 성경을 봉독합니다. 성경을 찾는 법은 다음에 배우게 됩니다.
- **찬　　양** : 성가대에서 찬양으로 하나님께 영광을 돌리며 듣는자의 마음을 하나님께로 향하게 합니다.
- **설　　교** : 목사님이 봉독한 성경말씀을 중심으로 신자의 심령에 알아듣기 쉽게 구원 은총을 증거하는 것입니다. 제목은 미리 순서에 쓰여 있고 내용은 요약되어 나옵니다.
- **기　　도** : 설교가 끝나면 설교자가 설교의 내용을 중심으로 간단히 기도 드립니다.
- **찬　　송** : 온 회중이 은혜스러운 설교말씀을 생각하며 감사의 찬송을 부릅니다.
- **헌　　금** : 헌금은 하나님께 대한 감사를 표현입니다. 예배당에 들어 올 때 헌금함에 넣습니다. 준비와 정성을 위하여 미리 마련된 봉투를 사용합니다.
- **봉헌기도** : 목사님이 헌금을 하나님께 바치면서 특별히 감사하는 헌금, 십일조헌금, 생일헌금 하신 분들과 매주일 정하고 드리는 헌금을

Note

위하여 기도드립니다.
- **교회소식** : 목사님이 간단명료하게 말씀합니다. 이어서 새로 등록 하신 분들을 소개하고 위하여 기도하십니다.
- **찬 송** : 다 함께 일어서서 부릅니다.
- **축 도** : 목사님이 온 교우를 위하여 복을 비는 기도입니다.
- **화답송** : 성가대가 찬양을 마지막 순서로 드립니다.
- **폐 회** : 화답송이 끝나면 서로 인사하고 조용히 예배당을 나갑니다.

이상에서 살펴본바와 같이 예배의 순서는 교회에 따라 일정치 않으나 그 목적은 하나님의 이름을 거룩히 여기며 영광을 돌리는 것입니다.

3. 헌금에 대하여

1) 헌금이란?

헌금은 어떤 의미가 있으며 어떻게 드려야 할까요?
헌금은 자기 보물을 하늘에 저축하는 것입니다(마 6:20).
- 하나님께로 부터 받은 것을 하나님께 드리는 것입니다(마 22:21).
- 받은 은혜에 대한 감사의 표시입니다(신 16:15-17).
- 하나님을 기쁘시게 하는 신앙의 척도입니다(고후 9:17).
- 주의 사업에 참여하는 것입니다(고후 8:4).

2) 헌금할 때의 마음

하나님께 드리는 예물이므로 다음과 같은 아름다운 마음으로 드려야 합니다.

Note

- 믿는 마음으로 드려야 합니다.
- 감사하는 마음으로 바쳐야 합니다.
- 은혜를 보답하는 정으로 드려야 합니다.
- 헌신하는 표시로 바칠 것입니다.

3) 헌금을 해야 할 이유
- 하나님이 명령하셨기 때문에(레 27:30, 시 66:20).
- 예수님이 명령하셨기 때문에(마 23:23).
- 성령께서 권유하셨으므로(행 2:14).
- 교회가 요구하기 때문입니다(행 4:32).
- 성도의 본분이기 때문입니다(눅 8:3).

4) 헌금을 교회가 어떻게 사용하는가 ?
- 복음을 전하는 데 씁니다.
- 성도들의 신앙을 자라나게 하는데 씁니다.
- 교회 교육에 씁니다.
- 구제금과 위로금으로 씁니다.
- 교역자 생활비와 그 외에 인건비로 씁니다.
- 교회의 각종 시설 및 확장과 수리비로 씁니다.
- 상회 상납금으로 보내기도 합니다.

5) 헌금의 종류
주일 헌금 : 매 주일 낮 예배 시간에 하는 헌금.
감사 헌금 : 받은 은혜를 감사하는 표시로 드리는 헌금.

Note

11조 헌금 : 자기 수입의 10분의 1은 하나님의 것이라 했으므로(말 3:10) 수시로 드리는 헌금.

계절 헌금 : 부활절, 성탄절, 맥추 감사절, 추수 감사절 등의 절기를 맞이할 때 드리는 헌금.

- 그 밖에 교회가 결의하고 시행할 때 드립니다.

어느 헌금이든지 본인의 형편에 따라 자유로 드립니다.

6) 헌금으로 받는 복

하나님께서 정선모아 헌금하는 성도에게 다음과 같이 약속하셨습니다.
- 하나님이 사랑하십니다(고후 9:7)
- 모든 은혜를 넉넉하게 해주십니다(고후 9:8).
- 많이 거두게 해주십니다(고후 9:6).
- 하늘 문을 열고 복을 넘치게 부어 주겠다고 하셨습니다(말 3:10).
- 창고를 가득 채워 주십니다(잠 3:9-10).

Note

복 습 문 제

1. 구약의 안식일은 어느 날인가요?

2. 신약의 안식일(주일)은 어느 날인가요?

3. 구약의 안식일은 신약 안식일의 무엇인가요?

4. 예수께서 어느 날 부활하셨나요?

5. 성령께서 어느 날 강림하셨나요?

6. 신약교회 설립시초부터 한 주간의 어느날을 안식일로 지켰나요?

7. 주일날 무슨 일을 멀리 하는 것인가요?

8. 주일날 어떤 일을 해야 하는가요?

9. 주일을 지킴으로 얻는 유익이 무엇인가요?

10. 주일을 잘 지키는 교회는 어떻게 되는가요?

11. 예배란 말의 뜻이 무엇인가요?

12. 주일날 모여 예배드리는 이유가 무엇인가요?

13. 주일 외에 모여 예배하는 시간을 말하시오.

14. 예배자의 태도가 어떠해야 되는지 말해 보세요.

15. 헌금은 어디에 저축하는 것인가요?

16. 헌금은 누구에게서 받은 것을 누구에게 드리는 것인가요?

17. 헌금은 무엇에 대한 표시인가요?

18. 헌금은 어떤 심정으로 바쳐야 할까요?

19. 교회가 헌금을 어디에 쓰게 되나요?

20. 헌금의 종류를 말해보세요?

21. 수입의 10분의 1은 누구의 것인가요?

22. 헌금을 함으로서 받는 복을 말해보세요.

23. 교회의 성례가 몇 가지인가요?

24. 성령 세례는 언제 받나요?

25. 세례의 뜻은 무엇인가요?

26. 유아 세례란 무엇인가요?

27. 세례 베푸는 양식을 말해보세요.

28. 성찬 예식에 무엇을 먹고 마시나요?

29. 떡은 무엇을 기념하며 포도즙은 무엇을 기념하는 것인가요?

30. 성찬 예식의 목적은 무엇인가요?

10. 성경말씀과 목적이 이끄는 삶

2부 _ 주기도문의 가르침을 따라

성경(聖經)이란 말은 "하나의 책"이란 의미를 가지고 있으며, "두루마리들" "편지들" "거룩한 하나님의 말씀"이라는 칭호로 불려지기도 합니다. 성경은 구약39권과 신약27권으로 되어 있으며, 하나님의 영감, 즉 성령의 도우심을 받아 1,600년 동안 약 40여명의 저자들에 의해 기록되었습니다. 성경은 하나님의 세계, 영계의 세계, 우주의 시작과 끝, 인간의 타락과 형벌, 속죄와 구원, 내세 등 복된 삶과 저주의 삶에 대하여 하나님께서 인간들에게 주신 하나님의 말씀입니다.

1. 성경의 유일성

성경은 완전성을 가지고 있습니다. 그래서 이 성경 위에 어느 때를 막론하고 새로운 계시나 또는 인간의 전통에 의해서도 그 어떤 것도 첨가되어질 수 없습니다. 따라서 성경에 계시된 것 외에 하나님이 요구하신 믿음과 진리의 길이나, 구원 얻는 길에 더 첨가될 것이나 부족한 것이 없습니다. 그러므로 성경은 신앙생활 본분에 대한 유일한 법칙이 됩니다.

Note

1) 성경의 중심성
· 성경의 중심은 예수 그리스도 이십니다.
· 성경은 기독교의 경전입니다.
· 구약과 신약으로 되어 있으며, 하나님께서 사람을 살려주신다는 약속이란 뜻이며, 예수님께서 오시기전에 하신 약속을 구약, 예수께서 오신 후의 약속을 신약이라고 부릅니다.
· 구약은 39권, 신약은 27권 입니다.

2) 성경을 찾는 법
· 먼저 각권의 책명을 익히는 것입니다(목록을 보면 됨).
· 성경 책명의 약자를 기억해야 합니다.
  예) 창세기 → 창, 출애굽기 → 출, 마가복음 → 막 등 구약목록 뒷면에 기록되어 있습니다.
  장·절의 표기는, 사도행전 제 16장 1절에서 5절까지 → 행 16:1~5로 합니다.

· 성경은 읽어야 합니다.
  (1) 하루 조금씩 읽습니다.
  (2) 성경 읽기 문제를 할 수 있으면 시작합니다.
  (3) 성경을 읽을 때 진리를 쉽게 압니다.
  (4) 먼저 간단히 기도하고 읽습니다.
  (5) 교회에서 성경을 함께 배웁니다.

· 읽은 성경 말씀을 묵상해야 합니다.

Note

(1) 왜 이 말씀을 주셨을까?
(2) 나에게 무슨 명령을 하는가?
(3) 간단한 말씀은 외우면 좋습니다.

3) 성경은 어떤 책인가?

성경은 하나님의 감동하심을 통하여 기록되었습니다. 이 말은 곧 기록 당시의 문화와 사상, 그리고 개인의 지적능력, 문체, 특성 등을 하나님께서 그대로 사용하시되 하나님의 뜻대로 기록하게 하신 것을 의미합니다. 하나님의 말씀이 인간의 문자와 글로 기록되게 하신 것은 우리를 구원하시려는 하나님의 계획과 예수그리스도의 십자가 희생을 통한 하나님의 용서와 죄를 회개하고 돌아오는 자들을 구원하시려는 하나님의 구속의 역사가 이미 성취된 그 사실을 모든 시대에 나타내시기 위함입니다.

성경은 인간으로 하여금 잃어버린 창조주 하나님을 다시 찾게 하는 안내자이며, 자신의 죄를 깨닫고 그 죄를 회개하는 자들에게 주어지는 하나님의 용서하심과 구원의 선물인 곧 하나님나라를 상속할 수 있는 하나님의 자녀 삼으신 사실을 깨닫게 하는 위대한 하나님의 책입니다.

· 성경은 하나님의 말씀입니다(딤후 3:16).
"모든 성경은 하나님의 감동으로 된 것으로 교훈과 책망과 바르게 함과 의로 교육하기에 유익하니"
(사 34:16, 벧전 1:23) "너희는 여호와의 책을 자세히 읽어 보라 이것들이 하나도 빠진 것이 없고 하나도 그 짝이 없는 것이 없으리니 이는 여호와의 입이 이를 명하셨고 그의 신이 이것들을 모으셨음이라"
"너희가 거듭난 것이 썩어질 씨로 된 것이 아니요 썩지 아니할 씨로 된 것이

Note

니 하나님의 살아 있고 항상 있는 말씀으로 되었느니라"
(요 5:39, 10:35) "너희가 성경에서 영생을 얻는 줄 생각하고 성경을 상고하거니와 이 성경이 곧 내게 대하여 증거하는 것이로다"
"성경은 폐하지 못하나니 하나님의 말씀을 받은 사람들을 신이라 하셨거든"

· 성경의 중심 사상은 영생을 얻는 법을 가르쳐 줍니다.(요 5:39)
"너희가 성경에서 영생을 얻는 줄 생각하고 성경을 상고하거니와 이 성경이 곧 내게 대하여 증거하는 것이로다"
(눅 24:27) "이에 모세와 및 모든 선지자의 글로 시작하여 모든 성경에 쓴 바 자기에 관한 것을 자세히 설명하시니라"

· 성경을 기록한 목적은 구원의 도리를 알게 하기 위함입니다.(요 20:30-31)
"예수께서 제자들 앞에서 이 책에 기록되지 아니한 다른 표적도 많이 행하셨으나"
"오직 이것을 기록함은 너희로 예수께서 하나님의 아들 그리스도이심을 믿게 하려 함이요 또 너희로 믿고 그 이름을 힘입어 생명을 얻게 하려 함이니라"

· 성도의 생활원리를 알게 하기 위함이다.(딤후 3:15-17)
"또 네가 어려서부터 성경을 알았나니 성경은 능히 너로 하여금 그리스도 예수 안에 있는 믿음으로 말미암아 구원에 이르는 지혜가 있게 하느니라"
"모든 성경은 하나님의 감동으로 된 것으로 교훈과 책망과 바르게 함과 의로 교육하기에 유익하니"
"이는 하나님의 사람으로 온전케 하며 모든 선한 일을 행하기에 온전케 하

Note

려 함이니라"

2. 성경이 하나님의 말씀인 증거

1) 외증
① 성경이 통일되어 있습니다. 내용이 서로 충돌되는 것이 없습니다.
② 예언이 모두 성취되고 있습니다. 하나님이 장차 이루실 일을 미리 말씀 하셨기 때문입니다.
③ 많은 성도들이 믿고서 진리임을 고백합니다.

2) 내증
① 성경 자체가 "영감"으로 기록된 것이라고 증거합니다(출 17:14, 사 8:1, 겔 24:1, 히 2:2).
② 성경 기자들이 영감으로 기록된 것을 말합니다(사 34:16, 딤후 3:16).
③ 예수께서 성경을 하나님의 말씀이라고 증거하셨습니다(요 5:39, 10:35).

3. 성경에 대한 우리의 태도

· 성경을 읽고 배우는 태도는 (1) 읽고 배우며 (2) 믿으며 (3) 지키며 (4) 전할 것입니다.

Note

- 순종할 마음으로 읽고 배워야 합니다.
- 성령께서 깨닫게 하여 주심을 바라면서 읽고 배워야 합니다.
 그렇게 하면 마음을 밝게 하여 주시고 깨닫게 하여 주십니다(시 119:18).
- 날마다 읽고 배워야 합니다(신 17:19).
 우리 육신이 식사를 날마다 하지 않으면 안되는 것처럼, 생명의 양식이 되는 하나님의 말씀을 날마다 계속 먹지 않으면 우리 영혼이 자라지도 않고 허약해집니다. 그러므로 날마다 성경을 읽어야 합니다(마 4:4).

2) 그대로 믿어야 합니다.

성경에는 잘못 기록된 것이 없습니다. 그러므로 그대로 믿어야 합니다. 성경 말씀을 하나님이 주신 진리의 말씀으로 믿으면 다음과 같은 은혜를 받습니다.

- 그 말씀이 우리 심령 내부에서 역사합니다(살전 2:13).
 감동 감화의 역사로써 우리 심령을 변화시키고 자라나게 합니다.
- 구원 받는 지혜를 얻습니다(딤후 3:16, 17).
 구원의 확신을 얻어 남에게 가르치고 증거할 수 있게 됩니다.

3) 그대로 지켜야 합니다.

성경에 기록된 하나님의 명령은 두 가지인데, 첫째는 "하라"요 둘째는 "하지 말라"입니다. 이 명령대로 철저히 하면 다음과 같은 은혜를 받습니다.

- 믿음이 견고해 집니다(마 7:24).
- 천국에 가게 될 영원한 소유를 작만하게 됩니다(시 119:56).

4) 다른 사람에게 전해야 합니다.

Note

불신자에게 전하는 것은 그들로 듣고 믿어 구원을 얻게 하기 위함입니다(롬 10:14, 17). 그러므로 예수께서 땅끝까지 다니며 전도하라고 하신 것입니다(행 1:8).

복 습 문 제

1. 성경은 누구의 감동으로 기록되었는가요?
2. 성경의 기록자들은 성경이 어떻게 기록되었다고 말하고 있는가요?
3. 신구약 성경은 모두 몇 권이며 기록자는 몇 명인가요?
4. 성경의 중심 사상은 무엇인가요?
5. 성경에 대하여 우리는 어떠한 태도를 가져야 하는가요?
6. 성경은 어떤 책인가요?
7. 성경 중에 서로 충돌되는 것이 있는가요?
8. 성경에 기록된 예언이 왜 모두 이루어지고 있는가요?
9. 성경 자체가 성경이 어떻게 기록된 것이라고 증거하고 있는가요?
10. 성경 기자들은 성경이 어떻게 기록되었다고 말하고 있는가요?
11. 예수님은 성경을 누구의 말씀이라고 하셨는가요?
12. 성경이 기록된 연대를 말해보세요?
13. 신구약 성경은 모두 몇 권이며 저자는 몇 명인가요?
14. 성경 중심 사상은 무엇인가요?
15. 우리를 하나님과 사람 앞에서 바로 살도록 할려고 성경에 무엇을 기록하여 주셨는가요?
16. 무엇을 바라면서 성경을 읽고 배워야 하는가요?
17. 성경을 날마다 읽어야 할 이유가 무엇인가요?
18. 성경을 그대로 믿으면 우리 심령 내부에 무슨 일이 생기는가요?
19. 성경 말씀을 누구에게 전해야 하는가요?
20. 예수께서 이 말씀을 세상 어디까지 전하라고 하셨는가요?

11

2부 _ 주기도문의 가르침을 따라
앎과 실천의 삶

주기도문에서 예수님은 이 땅에 하나님의 나라가 임하기를 기도해야 한다고 가르쳐주셨습니다. 그래서 모든 하나님의 자녀는 이 땅에 온전한 하나님의 나라가 임하기를 사모하며 날마다 변화된 삶을 살아야 합니다.
하나님의 은혜로 예수 그리스도의 피 흘림을 통해, 죄에서 구원받은 당신은 변화된 삶을 살아야 합니다. 변화된 삶을 살기 위해 당신은 다음의 항목들을 유심히 살펴보아야 합니다.

1. 하나님 나라의 시작

하나님 나라는 하나님의 자녀들의 변화된 생활을 통하여 점점 확장됩니다.

"예수께서 대답하여 가라사대 사람이 나를 사랑하면 내 말을 지키리니 내 아버지께서 저를 사랑하실 것이요 우리가 저에게 와서 거처를 저와 함께 하리라"(요 14:23).

Note

1) 세례를 받으라

세례 받은 그 물이 죄를 씻어 줄 수는 없는 것입니다. 우리의 죄는 우리가 주 예수 그리스도의 피로 구원을 받는 그 순간에 이미 씻겨졌습니다. 그러나 하나님은 우리가 구원받는 즉시 세례를 받을 것을 명하셨습니다. 사도행전 2:41에 보면 약 3,000명의 회심 자들이 구원받은 그날로 세례를 받았습니다. 빌립보의 간수도 믿어 구원받던 그 밤에 세례를 받았습니다. 우리도 마찬가지입니다. 우리 역시 구원을 받았으면 가능한 한 빨리 세례를 받아야 합니다. 세례란 내적인 씻음에 대한 외적인 모형이라 할 수 있습니다. 구원이 먼저이고 세례가 다음입니다. 구원받기 전의 세례란 아무런 가치도 의미도 없습니다. 세례란 그리스도께서 이미 우리의 내면에 이루어 놓으신 일을 외적으로 표현해 주는 의식입니다.

그보다 더 중요한 성경적인 의미가 있는데, 즉 세례는 우리가 옛 생활에 대하여 그리스도와 함께 죽었음을 상징적으로 표현해 줍니다. 우리로 하여금 우리를 위한 그분의 죽음에 동참케 해주고, 물 속으로 들어갈 때는 우리를 위한 그분의 묻히심에 동참케 해주며, 다시 물위로 올라올 때는 실제 무덤에서 다시 살아나신 그분의 부활의 생명에 동참케 해줍니다.

2) 그리스도를 고백하라

사람 앞에서의 시인과 고백을 명하신 분은 하나님이십니다. 만일 예루살렘의 그 최초의 제자들이 구원은 하나님과 나 사이의 사적인 사건이라고 여기고서 사람들 앞에서 하나님을 고백하기를 거부했다면 복음을 절대로 예루살렘 밖으로 퍼져 나가지 못했을 것입니다. 그러므로 사람들 앞에서 그리스도를 고백하십시오. 교회 안에서 하나님이 인도하시면 어디서든 그리하여야 할 것입니다. 그것을 통해서 당신의 믿음은 놀랍게 강해질 것입니다.

Note

· **교회에 꾸준히 출석하라**

"모이기를 폐하는 어떤 사람들의 습관과 같이하지 말고 오직 권하여 그날이 가까움을 볼수록 더욱 그러 하자"(히 10:25).

여기서 "모이기를"이라는 말은 교회라는 말과 의미가 똑같은 말입니다. 그러니까 하나님은 교회에 출석하는 것을 폐하지 말라고 말씀하고 계신 것입니다.

· **교회에 소속되어야 참된 그리스도인이 됩니다.**

지역 교회에서 분리된 채로 참된 그리스도인의 삶을 산다는 것은 성경과 완전히 동떨어진 얼토당토않은 생각입니다.

· **구원받은 즉시로 예수 그리스도의 몸(즉 교회)의 일부가 되는 것입니다.**

우리에게는 각자 서로에게 나눠주어야 할 은사가 있고, 우리는 그리스도의 몸에 있어서 서로 다르지만 하나같이 다 요긴한 부분을 담당하게 됩니다.

· **우리는 주기 위해서, 그리고 동시에 받기 위해서 교회에 나갑니다.**

하나님은 교회라는 것을 아주 사려 깊게 창조하셨으며, 교회에는 또 세례와 성만찬이라는 특별한 예전을 허락하였습니다. 그분은 당신의 사랑하는 교회를 결코 가볍게 여기시지 않으시며, 무단으로 교회를 떠나 버린 일부 불순종의 크리스챤들을 결코 용납하지 않으십니다.

· **지역 교회를 무시하는 것은 그 지역 교회의 주인이신 하나님을 무시하는 것입니다.**

· **그러므로 교회에 충실하게 출석하십시오.**

이것은 당신이 진정으로 구원받았다는 사실에 대한 가장 분명한 증거들 가운데 하나입니다.

3) 매일 성경을 읽어라

Note

· **성경은 하나님의 자녀가 신령한 젖처럼 사모하여야 합니다.**
"갓난아이들 같이 순전하고 신령한 젖을 사모하라. 이는 너희를 구원에 이르도록 자라게 하려 함이라"(벧전 2:2)

· **단단한 식물까지도 먹을 수 있도록 자라야 합니다.**
음식이 우리 몸에 양분을 주듯이 이제 신령한 젖, 하나님의 말씀이 우리의 영적인 양식인 것이다.

· **하나님의 말씀은 우리를 자라게 합니다.**
하나님의 말씀은, 우리에게 힘을 주며, 죄를 이기도록 도와주고(시 119:11), 하나님과 동행하는 매일의 삶에 빛을 비춰 주며, 평안과 지식과 지혜를 가져다주고, 기쁨이 넘치게 해주며, 크리스찬으로서 살아가다가 실족해 넘어질 수 있는 위험을 미리 감지하고 이기게 해줍니다(수 1:8, 시 1:2, 골 3:16-7)
"성경이 당신을 죄로 못 가게 하지 않는다면, 죄가 당신을 성경으로 못 가게 할 것이다."

4) 매일 기도하고, 자주자주 기도하라

변화된 삶을 살고 싶다면 성경 읽기와 함께 기도를 쉼없이 해야 합니다. 그래서 성경은 "쉬지 말고 기도하며"(살전 5:17)라고 했습니다.
자기의 기도 생활보다 더 강하고, 훌륭하고, 성숙한 크리스찬은 없습니다.

5) 죄를 즉시 고백하며 죄를 피하는 삶

변화된 삶을 살려면 날마다 죄를 고백하는 삶을 살아야 합니다.
"자기의 죄를 숨기는 자는 형통치 못하나 죄를 자복하고 버리는 자는 불쌍히 여김을 받으리라"(잠 28:13)
크리스찬도 죄를 지을 수 있다는 사실을 잊지 말기바랍니다. 그러나 진정한

Note

크리스찬이라면 죄 가운데서 살 수는 없습니다. 죄는 하나님과 우리 사이의 교제를 깨트립니다. 그러나 자녀라는 신분은 깨어지지 않습니다. 죄를 지었을 때 정직하게 하나님께 인정하고 바로 자백을 하면 아름다운 교제는 다시 회복됩니다(고전 10:13).

6) 예수님이 내 안에 사시도록 하라
· 신자의 능력은 우리 안에 내주하고 계시는 주님으로 말미암는 것입니다. "주 예수 그리스도로 말미암아 우리에게 이김을 주시는 하나님께 감사하나니"(벧전 2:2)
· 우리는 혼자 힘으로는 크리스찬의 성숙된 삶을 살 수 없습니다. 예수님은 "나를 떠나서는 너희가 아무것도 할 수 없다"고 분명히 말씀하셨습니다. 그러나 그분이 주시는 힘 안에서는 가능합니다. 예수님으로 하여금 나를 통하여 매일매일 그분의 삶을 사시도록 하고, 또 성령에 충만하여 성령의 지배를 받는 삶을 살 때, 크리스찬으로서의 우리의 삶은 훨씬 덜 힘들어지게 됩니다.
· 우리는 성령을 좇아 행함으로서 육체의 욕심을 이루지 아니할 수 있습니다(갈 5:16).

크리스찬의 삶의 억누를 수 없는 동기는 율법이 아니라 사랑입니다. 율법은 우리를 노예처럼 살게 하기 쉽고, 두려움이나 압박감 때문에 그저 기록된 조항대로 기계적으로 순종하게 만들기 쉽습니다. 그리고 그 결과는 긴장과 불행입니다. 아내가 남편이 날마다 제시해 주는 규율 목록들에 순종할 수도 있을 것입니다. 그러나 그보다 차원이 높은 동기인 사랑이 있게 되면, 아내는 규율이 있든 없든 남편을 기쁘게 하기 위해서 스스로 할 일을 찾아 하게 될 것입니다. 그리스도와 크리스찬의 관계도 마찬가지입니다.(딛 2:11-14)

Note

을 읽어보세요.

2. 교제와 나눔의 생활

변화된 생활의 특징은 교회 안에서 믿는 형제들과 교제를 해야 한다는 것입니다. 교제는 우리가 예수 그리스도를 영접한 이후 죄로 말미암아 단절되었던 하나님과의 교제가 회복되면서 성도들 안에 그리스도를 통한 참된 교제를 갖게 되는 것입니다. 주안에서 교제를 나누는 것은 나에게 기쁨을 가져다 줄 뿐만 아니라 우리의 영적인 성장에 꼭 필요한 부분이 됩니다. 우리는 그리스도 안에서 한 가족이 되었으므로 열린 마음으로 우리의 삶을 함께 나누고 짐을 서로 나누어 질 때 참된 기쁨과 성장이 있습니다.

1) 교제란 무엇인가? (요일 1:3)
· 참된 교제란 하나님과 예수 그리스도와 함께 하는 것입니다.
· 아름다운 교제 생활을 하기 위해 가져야 할 자세가 있습니다.(빌 2:1-4)
· 우리는 교회에서 어떻게 교제를 나눌 수 있습니까?
　우리는 사랑의 띠로 한 가족 되어 하나님의 자녀가 되었습니다. 우리가 이 땅에 사는 날 동안 믿음으로 살아가기 위해 서로 격려와 나눔의 삶이 필요합니다. 나의 믿음으로 감당할 수 없는 짐을 서로 나누어지는 것이 한 지체의 사랑입니다. 기쁨과 슬픔을 함께 나누고, 서로 위로하며 사는 것이 그리스도인의 삶입니다.

· 행 2:42-47절에는 성경적 나눔의 생활이 잘 나타나고 있습니다.

Note

(1) 이 본문 속에서 교제의 요소들은 무엇입니까?
(2) 신앙적 요소들은 무엇입니까?
(3) 이런 나눔의 생활을 통한 초대 교회 성도들에게 어떠한 결과가 있었습니까?

결론적으로

세계 인구의 5억 이상의 사람들이 영양실조로 굶주리고 있습니다. 매주 250,000명의 5세 이하 유아들이 죽어 갑니다. 오늘날 1,400만 명 정도 되는 난민이 세계 도처에 있습니다. 세계적으로 버려진 아이들이 6,000만 명 이상 됩니다. 세계 인구 약5분의 1 정도가 극빈자로 영양실조나 문맹과 질병으로 시달리고 있습니다. 이러한 상황에서 우리는 그리스도인의 책임을 느껴야 합니다. 그러기 위해서는 먼저 하나님과의 관계를 잘 유지하여 본인의 신앙을 성장시켜야 하며 더 나아가서 교회 내에서 성도들 간에도 관계를 잘 유지하여 결집된 힘을 가져야 합니다. 그런 다음 주님의 손길이 필요하고 복음이 필요한 곳에 이 복음을 전해야 합니다.

Note

복 습 문 제

1. 하나님 나라의 시작은 어떻게 해서 되었습니까?
2. 하나님 나라는 하나님의 자녀들의 변화된 생활을 통하여 어떻게 변화됩니까?
3. 세례 받은 물이 죄를 씻어 줄 수는 있을까요?
4. 그리스도를 고백해야 할 이유가 무엇일까요?
5. 교회에 꾸준히 출석하려면 어떤 생활을 해야 할까요?
6. 우리는 주기 위해서, 그리고 동시에 받기 위해서 교회에 나간다고 했는데 그뜻이 무엇일까요?
7. 왜 지역 교회를 무시해서는 안될까요?
8. 성경을 신령한 젖처럼 사모하여야 할 이유는 무엇일까요?
9. 매일 기도하고, 자주자주 기도하라고 했는데 기도하지 않으면 어떻게 될까요?
10. 왜 죄를 즉시 고백하며 죄를 피하는 삶을 살아야 합니까?
11. 크리스찬도 죄를 지을 수 있다는 사실에 대해 어떻게 생각하십니까?
12. 신자의 능력은 우리 안에 내주하고 계시는 누구로부터 나올까요?
13. 우리는 누구를 좇아 행함으로서 육체의 욕심을 이루지 아니할 수 있습니까? (갈5:16).
14. 변화된 생활의 특징은 신자들간의 관계에 있어서 무엇입니까?
15. 영적 교제란 무엇인가요? (요일 1:3)
16. 우리는 교회에서 어떻게 교제를 나눌 수 있습니까?
17. 본문 속에서 교제의 요소들은 무엇입니까?
18. 신앙적 요소들은 무엇입니까?
19. 이런 나눔의 생활을 통한 초대 교회 성도들에게 어떠한 결과가 있었을까요?

12 2부 _ 주기도문의 가르침을 따라
찬송과 기도의 중요성

찬송은 하나님을 기쁘시게 또는 영광 돌리기 위하여 부르는 노래입니다. 구약 시대의 교회는 시편을 그대로 곡조에 맞추어 불렀으며, 그 밖에 부른 찬송이 성경 여러 군데 실려 있습니다. 그리고 신약 교회 초기에는 그렇게 해 왔으나 근세에 이르러 하나님의 성덕을 노래로써 나타내어 하나님께 영광 돌리는 찬송을 지어 부르게 되었습니다. 이는 성경과 밀접한 관계를 가진 것입니다. 예수님도 성찬 예식 후 찬송을 부르셨습니다(막 14:26. 마 26:30).

1. 찬송의 중요성

하나님은 우리로 하여금 찬송을 부르게 하려고 창조하셨다고 말씀 하십니다. 그만큼 찬송은 우리 생존의 중요한 목적입니다.

1) 찬송의 효과
찬송은 경건한 마음으로 부르는 우리에게 많은 유익을 줍니다. 찬송을 부를 때 성령께서 우리 심령에 역사하십니다. 그러므로 다음과 같은 유익을 얻습

Note

니다.
- 감사와 기쁨을 충만케 합니다.
- 심령을 밝게 하고 뜨겁게 합니다.
- 신앙과 심령을 새롭게 하고 성장케 합니다.

2) 찬송을 어떻게 불러야 하는가 ?
- 경건한 마음과 감사한 마음으로 불러야 합니다(시 108:1- 3. 골 3:16).
- 소리 높이 불러야 합니다(시 145:3).
- 악기 소리에 맞추어 불러야 합니다(시 150편. 대하 23:13).
- 때로는 손뼉을 치면서 부를 것입니다(시 47:1).
- 때로는 춤을 추면서 부를 것입니다(시 149:3, 150:4).

2. 기도에 대하여

기도는 성장케 하는 생명이며, 존재케 하는 호흡이고 우리가 하나님의 자녀 된 것을 확인케 해주는 특권입니다. 기도하지 않고서는 하나님의 실체를 확신할 길이 없습니다.

■ 기도의 영
기도의 영은 그리스도 예수 안에서 새 피조물이 지닌 영의 속성입니다. 거듭난 영혼만이 기도 할 수 있는 특권이 있고, 또 살아 있다는 증거로 기도의 욕구가 생기는 것입니다.

Note

1) 기도는 어떤 것인가 ?

기도는 핸드폰과도 같은 것입니다. 어느 시간이든지 우리가 기도하면 하나님께 상달되며 응답하여 주시는 관계가 성립되어 있습니다.

· 기도는 하나님과의 대화라고도 합니다.

 하나님은 우리 아버지 되시고, 우리는 그의 자녀임으로 기도로 말씀을 드리는 것입니다.

· 기도는 신령한 호흡이라고도 합니다.

 우리 육체가 호흡함으로 살게 되는 것같이 신자는 기도함으로 심령이 살게 됩니다.

2) 왜 기도하는가?

· 기도는 하나님께 영광 돌리기 위하여 하는 것입니다.

 우리가 기도할 때 하나님이 기뻐하시고(잠 15:8), 우리가 기도 중 은혜 받고, 응답 받음으로 하나님께 영광을 돌립니다(요 14:13, 시 50:15).

· 하나님께 도우심을 받기 위하여(히 4:16)

 우리는 하나님의 도우심이 없이는 살 수 없습니다. 그러므로 기도하는 자를 도우시는 하나님께 기도해야 합니다.

· 필요한 것을 받기 위하여

 예수께서 "구하라 그러면 주실 것이요, 찾으라 그러면 만날 것이요, 문을 두드리라, 그러면 너희에게 열릴 것이니"(마 7:7)라고 하셨습니다. 우리의 삶에 필요한 것이 한 두 가지가 아닙니다. 그러므로 그것을 구하면 주시겠다고 하신 것입니다.

3) 어떻게 기도해야 하는가?

Note

- 하나님께 기도해야 합니다.

  마태복음 6:6에 "은밀한 중에 계신 네 아버지께 기도하라"고 하셨습니다. 하나님께서는 언제나 우리 기도를 들으십니다.

- 예수님의 이름으로 기도해야 합니다.

  예수께서 "내 이름으로 기도하라"(요 14:13-14)고 하셨습니다. 예수님은 하나님과 우리 사이의 중보자가 되십니다(딤전 2:5). 우리 위하여 기도해 주시면서(히 7:25) 우리 기도를 이루어 주시도록 일하십니다.

- 하나님의 뜻대로 기도해야 합니다.

  예수께서 겟세마네 동산에서 기도하실 때 "나의 원대로 마옵시고 아버지 원대로 하옵소서"(마 26:39)라고 하셨습니다. 자기 사욕을 위하든지, 하나님의 뜻에 맞지 않는 기도는, 마치 어린 아이가 불이나 칼을 달라는 것과 같으므로 이루어 주시지 않습니다.

- 믿음으로 기도해야 합니다.

  야고보서에 "오직 믿음으로 구하고 조금도 의심하지 말라. 의심하는 자는 마치 바람에 밀려 요동하는 바다 물결 같으니 이런 사람은 무엇이든지 주께 얻기를 생각지 말라. 두 마음을 품어 모든 일에 정함이 없는 자로다(약 1:6-8)"라고 했습니다. 하나님께서는 믿음으로 하는 기도만 받으시고 이루어 주십니다(마 21:22).

4) 기도 응답은 어떻게 오는가 ?

'기도는 수학이다'라고 말한 사람이 있었습니다. 그만큼 기도는 정확하다는 말입니다. 만약 당신이 예수 그리스도를 진정 영접한 사람이라면 기도하는 대로 분명히 이루어질 것입니다. 성경이 약속하고 있기 때문입니다. 만약 응답되지 않는다면 성경은 거짓말이 될 것입니다.

Note

- 기도는 반드시 응답됩니다. 기도 응답의 내용은 다음과 같습니다
- 예스(Yes) : 이는 즉시 응답해 주시는 경우입니다(출 15:22-25).
- 노(No) : 이는 우리에게 유익하지 않을때는 아무리 기도해도 응답이 없습니다.
- 쟈스트 모먼트(Just moment) : 이는 시간이 지나 응답이 필요할 때 주어지는 것입니다.

  그러므로 우리에겐 어떤 식의 응답이 올지 모르기 때문에 예수께서 기도하다가 낙심하지 말고 계속 하라고 말씀하셨습니다(눅 18:1).
- 마지막으로 구한대로 주시지 않고 다른 방법으로 응답해 주시는 일도 있습니다. 사도 바울은 자기 병을 위하여 기도했으나 하나님께서는 그것이 내가 준 은혜라고 응답하셨습니다(고후 12:8-9).

5) 기도 생활을 어떻게 하는가?

- 생활 자체가 기도의 연속이어야 합니다.

  "쉬지 말고 기도하라"(살전 5:17)고 했습니다. 이는 기도의 생활화를 말한 것입니다. 무슨 일이든지 기도로 시작하고, 기도로 진행하며, 기도로 끝마쳐야 합니다.
- 공동기도 생활을 힘써야 합니다.

  예배 때마다 성도들과 함께 기도하고, 특히 새벽에 나와서 기도하기를 힘써야 합니다(시 5:3, 88:13). 예수님께서도 늘 새벽에 기도하셨습니다 (막 1:35).
- 특별기도 시간을 가질 것입니다.

  개인적으로 성전에서, 또는 산에서 철야 기도하고, 시간을 정하여 기도하는 일을 힘쓸 것입니다. 예수께서도 종종 그런 생활을 하셨습니다(마

Note

14:23, 26:36, 39, 눅 18:29).
- 매사에 있어서 기도해야 합니다.
  아침잠을 깰 때 침상에서
  매끼 식사 때마다, 또 간식을 먹을 때마다
  하루 일과를 마치고 침소에 들 때
  남의 가정이나 직장을 방문하여 대화하기 전에
  다른 이로부터 선물을 받았을 때
  그 밖에 특별한 일이 있을 때마다 기도할 것입니다.

6) 무응답 하심
모든 기도가 다 응답이 오는 것은 아닙니다. 응답이 없는 기도도 있습니다.
① 불순종(신 1:45)
② 은밀한 죄(시 66:18)
③ 피, 죄악(사 1:15, 59:2)
④ 무지(잠 1:28)
⑤ 의심(약 1:6)

7) 예수님의 이름으로 기도합니다(요 15:16).
사람은 죄로 인해 기도드릴 자격도 없습니다. 다만 예수님의 이름으로 기도를 드리는 것입니다.

8) 아멘
이 말은 "진실로" "나도 그렇게 원합니다"는 뜻입니다.

Note

결론적으로

기도는 하나님과의 대화입니다. 하나님께서 주신 은혜에 감사를 드리고, 나의 모든 사정을 이야기 합니다. 그리고 하나님의 뜻을 듣는 것입니다. 기도는 영의 호흡입니다. 사람이 숨을 안 쉬면 죽는 것과 같이 영도 호흡을 안하면 죽습니다. 그래서 기도는 날마다 드려야 합니다. 죄를 내뿜고 신선한 말씀을 받아들입니다. 기도는 연약한 인간이 전능하신 하나님과 가지는 영적 교제 입니다. 따라서 기도는 하나님의 자녀에게 주신 특권입니다.

■ 기도의 순서
- 먼저 하나님을 부릅니다. " 하나님 아버지", "전능하신 아버지"등.
- 감사를 드립니다. 받은바 사랑을 생각하며 감사를 드립니다.
- 지은 죄를 고백하고 용서를 빕니다.
- 나의 소원을 말합니다.
  ① 나를 위하여
  ② 내 가정을 위하여
  ③ 내 교회를 위하여
  ④ 나라를 위하여
  ⑤ 세계를 위하여

Note

복 습 문 제

1. 찬송이란 무엇일까요?

2. 찬송은 누구를 기쁘시게 하려고 부르는 노래인가요?

3. 구약 시대와 신약 초기의 찬송은 무엇이었던가요?

4. 찬송을 부를 때 역사하는 이가 누구인가요?

5. 찬송의 유익 세 가지는 무엇인가요?

6. 찬송하지 않으면 어떤 일이 벌어지나요?

7. 하나님과 늘 전화 통화하듯히 해야 하는 신앙의 중요한 행위는 무엇일까요?

8. 우리가 기도하면 누가 영광을 받으시나요?

9. 우리는 누구에게 누구의 이름으로 기도해야 할까요?

10. 기도를 누구의 뜻에 맞게 해야 할까요?

11. 기도하다가 왜 낙심하게 될까요?

12. 매사에 하는 기도는 어떤 때를 의미하는 것일까요?

13 2부 _ 주기도문의 가르침을 따라
전도에 대하여

전도는 주님께서 나에게 부탁하신 지상 명령입니다(마 28:19-20). 하나님은 내가 영혼을 구원하는 증인이 되어지기를 원하고 계십니다.(행 1:8, 5:42) 주님께서 당신을 불러 제자로 삼길 원하십니다. 그러나 많은 그리스도인들이 부르심의 목적을 잊어버리고 살고 있습니다. 주님께서는 당신이 예수 그리스도의 참된 증인이 되어지기를 원하십니다.

1. 자녀로 부르신 목적

1) 주님께서 당신을 부르시고 은혜를 주신 목적이 무엇일까요?
· 그리스도께서 은혜를 주신 목적은 축복뿐만 아니라 고난을 함께 받게 함으로써(빌1:29) 복음의 증인이 되게 하는데 있습니다.
· 하나님께서 주신 사랑과 받은 은혜를 다른 사람들에게 가르치는 것이 부르심의 목적인 것입니다(딤후 2:2).

2) 전도를 해야 할 동기와 그 이유가 무엇입니까?
· 우리가 전도를 해야 하는 것은 그리스도의 사랑이 우리를 강권하시기 때

Note

문이며(고후 5:14),
- 내 양심이 성령 안에서 나로 더불어 증거 하시기 때문입니다(롬 9:2).
- 사도 바울이 전도에 대한 자신의 입장을 어떻게 나타냈는지 고린도전서 9장 12절을 읽어보시기 바랍니다.

우리가 전도해야 할 시급한 이유는 영원한 사망에서 구원을 얻었기 때문이고(막 16:15), 지금은 은혜 받을 만한 때이며, 구원의 날이기 때문입니다(고후 6:2, 롬 10:14-15)

2. 전도에 대한 오해와 편견들

다수의 크리스챤들은 전도에 대하여 심각한 부담감을 안고 있습니다. 전도를 해야 한다는 사실에 대해서는 누구나 공감하지만 적용과 실천의 문제에 이르면 언제나 긴장하게 되는 것이 사실입니다. 그만큼 전도는 어렵다는 얘기인데, 이 어려운 전도를 우리가 어떻게 지속적으로 계속할 수 있느냐가 풀어야 할 숙제로 남습니다. 그렇지만 성경은 우리가 가진 몇 가지의 오해와 편견에 대하여 분명히 그렇지 않다고 대답하고 있습니다.

1) 전도는 전임사역자들(목사나 전도사)만이 하는 것이다.

실제로 많은 평신도들은 전도를 전임사역자들의 전유물이라고 생각하고 있습니다. 전도에 동참하기는 하되 그저 물질이나 기도로서 동참하는 것이 성경적이라고 생각하고 있습니다.
- 성경은 전도가 결코 소수의 선택된 사람들만의 의무라고 말하고 있지 않습니다.

Note

- 사도행전 2:42 이하에 보면 사도의 가르침을 받은 대다수의 초대 교인들은 전도에 힘을 썼으며 실제로 하나님은 그들에게 구원받는 사람을 날마다 더하게 하셨습니다.
- 사도들과 제자들이 나가서 복음을 전했지만 평신도였던 빌립과 스데반 같은 집사들의 복음 전파는 희랍 세계와 유대인들 그리고 초기 기독교 공동체에 큰 충격을 주었습니다(행 7:60, 8:5).

2) 전도는 실제 너무 어렵다.

그것은 사실입니다. 하지만 전도를 단지 인간편의 노력으로 되는 것이라고 생각하기 때문에 생기는 부담감입니다.

- 전도는 정말 너무 쉬운 것입니다. 내가 온전히 예수 그리스도의 권세에 굴복하여 그의 명령에 순종하여 외치는 것일 뿐입니다.
- 전도의 결과인 결실에 대한 문제는 이제 그 사람과 하나님과의 문제일 뿐입니다.

하나님께서는 다니엘에게 그렇게 말씀하셨습니다.
"인자야 내가 너를 이스라엘 족속의 파숫군으로 세웠으니 너는 내 입의 말을 듣고 나를 대신하여 그들을 깨우치라. 가령 내가 악인에게 말하기를 너는 꼭 죽으리라 할 때에 네가 깨우치지 아니하거나 말로 악인에게 일러서 그 악한 길을 떠나 생명을 구원케 하지 아니하면 그 악인은 그 죄악중에서 죽으려니와 내가 그 피값을 네 손에서 찾을 것이고 네가 악인을 깨우치되 그가 그 악한 마음과 악한 행위에서 돌이키지 아니하면 그는 그 죄악중에서 죽으려니와 너는 네 생명을 보존하리라(단 3:17-19).

Note

· 전도의 일은 성령님이 하십니다.

 사도행전을 자세히 살펴보면 전도가 비록 사람의 입과 발로 전달되어진 다 할지라도 전도에 있어서 진짜 사역자는 성령님이심을 깨닫게 됩니다. "오직 성령이 너희에게 임하시면 너희가 권능을 받고…"(행 1:8).

3) 전도할 기회나 시간이 전혀 없다.

이 말도 사실입니다. 전도가 사람의 수고와 노력이 어느 정도 필요한 것이 사실이기 때문에 일부러 시간을 내어서 전도한다는 것은 어쩌면 큰 어려움 일지도 모릅니다.

· 전도는 보람이 있는 일입니다.

우리의 인생이 어디엔가 투자함으로 열매를 얻는 것이라면 주님은 우리의 삶을 전도를 위해 바칠 것을 요구하십니다.

"내가 진실로 너희에게 이르노니 나와 및 복음을 위하여 집이나 형제나 자매나 어미나 아비나 자식이나 전토를 버린자는 금세에 있어 집과 형제와 자매와 모친과 자식과 전토를 백배나 받되 핍박을 겸하여 받고 내세에 영생을 받지 못할 자가 없느니라. 그러나 먼저 된 자로서 나중 되고 나중 된 자로서 먼저 될 자가 많으니라"(막 10:29-31).

4) 전도할 대상이 별로 없어서

· 예수 그리스도께서는 전도를 위하여 두루 찾아다니며 멀리 물을 건너가서나, 산을 넘어서라도 사람을 찾아 전도하라고 명령하셨습니다.

 "사거리 길에 가서 사람을 만나는 대로 혼인잔치에 청하여 오너라 한대… " (마 22:9)

· 가라고 명하심은 승천하시면서 하신 유언 중에도 나타나 있습니다.

Note

"너희는 가서 모든 족속으로 제자를 삼아 … "(마 28:19)
예수 믿지 않는 모든 심령은 선교의 대상이며 예수를 영접하지 않은 사람들이 모여 있는 곳은 바로 우리의 선교지입니다. 시간을 내어 사람을 만나고 의식적으로 불신자들과 사귀며 그들에게 복음을 소개할 때 우리의 염려가 한낱 기우일 뿐임을 발견케 될 것입니다.

5) 막상 사람을 만나면 할 말이 별로 없다.

그래서 일정 기간의 교육과 훈련이 필요한 것입니다. 전도자는 사역 이전에 배우고 익혀서 자기의 것이 되어야 합니다.
- 사람을 선택할 줄 알아야 하며
- 전해 줄 메시지가 있어야 하고,
- 신빙성 있는 자료로써 성경구절을 제시하여야 합니다.

그러므로 복음의 핵심적인 진리에 대하여 일관성 있는 정리와 학습이 중요합니다.

"너희는 이 모든 일에 증인이라 볼찌어다 내가 내 아버지의 약속하신 것을 너희에게 보내리니 너희는 위로부터 능력을 입히울 때까지 이 성에 유하라 하시니라" (눅 24:24, 29).

6) 과연 우리가 전도한다고 사람들이 믿을까?

이러한 불신앙적인 생각은 우리를 속이는 사단의 공작때문에 생긴 것입니다.
- 성령은 결코 확신없는 사람에게 역사하지 않으십니다.
- 전도는 결코 인간편의 노력으로 되는 것이 아니라 배후에서 성령의 깨닫게 하심이 있어야 합니다.

Note

- 우리가 만나는 사람 중에는 복음을 받아들일 준비가 되어 있는 사람이 많습니다.

그들은 이미 하나님께서 마음의 문을 열어 놓으셨기 때문에 우리는 단지 복음을 전달하기만 하면 되는 것입니다. 성령의 인도를 받아 빌립 집사가 구스 내시를 만났을 때 하나님은 이미 그의 마음의 문을 열어 빌립의 말을 듣게 하셨습니다(행 8:29-39).

또 베드로가 고넬료의 집에 이르렀을 때 베드로 사도가 한 일은 고작 메세지를 전달하는 일 뿐이었습니다(행 10:11-44).

그때 "말씀을 듣는 모든 사람에게 성령충만함이 나타"났습니다(행 10:44). 그러므로 그런 걱정은 할 필요가 없습니다. 문제는 예수 그리스도의 권세에 대한 확신, 말씀의 능력에 대한 확신이 우리에게 필요할 뿐, 걱정이 필요한 것이 아닙니다.

3. 전도인의 자세

1) 먼저 확신을 가지라

· 성령님을 담대하게 의지하고 나가십시오.

세일즈 맨은 자신이 소개할 상품에 대하여 자신과 확신을 가지고 나아갑니다. 설혹 자신이 소개하는 제품에 하자가 있거나 결함이 있다 할지라도 자신있게 소개하여야 소비자가 설득을 당할 것입니다.

· 전도는 진실을 전하러 가는 중요한 문제입니다.

전도하러 간다는 것은 예수 그리스도를 소개하여 그를 소유하도록 하는 것

Note

입니다. 그러나 우리는 속이거나, 하자가 있거나, 꾸며낸 것을 전하는 것이 아니라 너무나도 확실한 생명의 구주, 하나님의 본체이신 예수 그리스도를 전하러 가는 것입니다.

"너희는 온 천하에 다니며 만민에게 복음을 전파하라 믿고 세례를 받는 사람은 구원을 얻을 것이요 믿지 않는 사람은 정죄를 받으리라 믿는 자들에게는 이런 표적이 따르니니 곧 저희가 내 이름으로 귀신을 쫓아내며 새 방언을 말하며 뱀을 집으며 무슨 독을 마실지라도 해를 받지 아니하며 병든 사람에게 손을 얹은즉 나으리라 하시더라"(막 16:15-18).

2) 사람의 영혼을 사랑하라

- 구원의 확신, 전도의 확신이 있는 사람이라면 당연히 타인에 대한 책임을 느끼게 되어 있습니다.
- 우리가 굳이 전도해야 할 이유가 있다면 우리의 생명이 귀중한 것처럼 타인의 생명과 영혼도 귀중하다는 것을 고백하는 것일 것입니다.
- 그리스도를 주로 고백하고 그와 함께 동행하는 삶을 산다면 그리스도께서 우리의 내면에서 부터 사람의 영혼을 사랑할 마음을 주실 것은 너무나도 당연한 일입니다.
- 성령께서 친히 우리를 인도하신다면 분명히 구원받을 영혼을 만나게 할 것입니다.

우리들이 예수를 믿기 전에 받았던 그 모든 수모와 고난, 그리고 불행한 날들을 묵상한다면 결단코 고난당하고 무지한 죽은 영혼들에 대하여 사랑하고져 하는 마음이 생기지 않을 수 없을 것입니다.

"예수께서 이르시되 오늘 구원이 이 집에 이르렀으니 이 사람도 아브라함의 자손임이로다. 인자의 온 것은 잃어버린 자를 찾아 구원하려 함이니라"(눅

Note

19:9, 10).

3) 계속적인 성령 충만을 받으라.

전도를 할 계획으로 전도 대상자에게 막상 다가가면 두렵고 불안한 마음이 엄습해 옵니다. 전도를 나가기 전 단계까지는 전도에 대한 회의가 찾아옵니다.
"내가 전한다고 얼마나 믿을까?"
"나 아니라도 구원받을 사람은 받겠지" 또 복음을 전하려면
"저 사람이 나를 뭐라고 생각할까?"
"괜히 화를 내면 어쩌지"
이와 같이 별의별 마음으로 온갖 짓누르는 것들에 속아서는 안됩니다. 그것은 우리를 속이려는 사단의 최후 간섭입니다. 사단은 어떻게 하든지 우리가 복음을 전하지 못하도록 우리를 갖가지의 방법으로 방해하며 우리 마음을 짓누르는 것입니다. 자, 그러면 이러한 부담을 어떻게 이길 것인가요?
그것은 기도를 통한 성령 충만을 요구하는 길 밖에 없습니다.
현재의 상태를 솔직히 고백하고 성령께서 나 자신을 붙잡아 달라고 기도해야 합니다.
성령님의 말하게 하심에 따라 담대하게 말할 수 있게 해달라고 기도해야 합니다.
그렇게 강력한 기도를 할 때 성령은 사단의 악랄한 공격을 완전히 차단시켜 주실 것입니다.

Note

4. 그리스도인의 선교책임

선교란 무엇이며 누가해야 할까요? 선교란 다양한 복음전파의 방법을 보면 그 중요성이 나타납니다. 이를 위해서는 성경속에 나타난 전도 관계 단어들을 조사해 보아야 할 것입니다.

■ 유앙겔리조(ευαγγελιζω)

이 말의 의미는 '나는 기쁜 소식을 전하다'라는 뜻으로 '복음 선포'를 의미합니다. 이 말은 헬라어의 좋은(eu)과 소식(aggelia)의 합성어로서 영어의 복음(gospel)과 같은 뜻입니다. 그러므로 전도란 기쁜 소식을 선전합니다. 모든 땅이 다 선포의 대상이란 의미가 있습니다.

■ 케뤼소(κηρυσσω)

헬라어로 케뤼소는 복음이란 의미로 사용되었는데, 그 뜻은 '예고하다'(to herald)란 의미로서 왕이 명한 말을 대신 선포하는 것을 말합니다. 세례요한의 외침은 이와 같은 성격을 가지고 있습니다. 이러한 면에서 하나님 나라의 예고는 온 세상에 선포될 성격을 가진다고 할 수 있을 것입니다.

■ 디다스코 (διδάσκω)

이 단어는 신약에 약 95회 사용되는데 주로 복음서와 사도행전에 나타납니다. 이 디다스코의 진정한 의미는 '가르치다'입니다(마 9:35). 이것은 복음을 교육을 통하여 학교를 짓고 공부를 통하여 전달되어야 한다는 사실을 우리에게 알려줍니다.

Note

■ 말투스(μαρτυς)

이 단어의 뜻은 '증인'(witness)으로서 주님께서 제자들에게 "너희는 내 증인이 되라"(행 1:8)고 말씀하실 때 사용되었습니다. 이때 증인이란 목숨을 건 '순교자'의 대명사이기도 합니다.
그래서 땅끝까지 증인이 되어야 합니다.

■ 마데테스(μαθητης)

이 단어의 뜻은 '제자'(Disciple)인데 마태복음 28:19,20에 적혀있습니다. 여기서 "제자를 삼으라"는 말은 개인적인 개심과 더불어 예수 그리스도를 영접하며 교회의 일원이 되어 교육을 받는 수준까지 이끄는 것을 말하는 것으로서 우리의 전도가 이르러야 할 구체적인 방향과 목적까지 제시하고 있는 중요한 단어라고 할 수 있을 것입니다. 이것은 해외에까지 나아가서 복음을 몸으로 보여주고 선포하며, 반응을 보이는 자들이 회개하여 예수 그리스도를 영접하도록 구체적으로 설득시키는 것을 포함하는 것으로서 전도의 가장 바람직한 형태라고 할 수 있습니다.

결론적으로

성경도 앞에서 언급한 세가지의 전도접근 방법을 긍정적으로 이야기한다고 볼 수 있습니다. 그러나 이것을 단 한 단어로 요약하는 말씀이 성경에 나오는데 그것이 마데테스입니다(make a disciple).
복음전도는 불타는 마음으로 복음의 증인이 되는 것이고 듣는 자들은 제자로 만드려는 뚜렷한 목적으로서 가르치고 전파하는 것이다. -C. E. Autrey-

Note

미국의 한 교회 강대상에 연중으로 걸려 있는 표어가 있습니다.
"All christians are all missionary." 이 뜻은 "모든 크리스챤은 모두 다 선교사이다." 라는 것입니다. 그렇습니다. 예수 믿는 모든 하나님의 자녀는 다 전도자이며 예수 없는 모든 심령은 선교 대상자입니다.

복 습 문 제

1. 전도란 무엇인가요?

2. 전도자의 전할 내용은 무엇인가요?

3. 전도의 실제적인 주체는 누구인가요?

4. 전도할 때 준비해야할 것은 무엇일까요?

5. 전도할 때 가장 많이 준비해야 할 것은 무엇이라고 생각하나요?

6. 하나님은 전도에 대해 어떤 생각을 가지고 계시나요?

7. 하나님이 왜 전도하는 사람을 기쁘게 여기실까요?

8. 전도를 통해 전도자가 얻는 유익은 무엇일까요?

9. 전도할 때 성령님은 무엇을 하시나요?

10. 전도할 때 둘씩 둘씩 짝지워 나가야 할 이유는 무엇일까요?

11. 하나님은 선교를 통하여 어떤 일을 하실까요?

12. 선교의 방법을 열거해 보세요.

13. 선교의 방법 중 가장 중요한 것은 무엇일까요?

14. 헌신과 봉사에 승리

2부 _ 주기도문의 가르침을 따라

1. 헌신과 봉사에 대하여

우리가 하나님의 사랑과 은혜로 구원 받았으니, 그 은혜를 감사하고 보답하는 정성으로 우리에게 있는 귀한것을 바치며 그 뜻대로 일하는 것입니다.

1) 헌신과 봉사란 무엇인가 ?
- 하나님 앞에 헌신해야 합니다.
- 교회를 위해 다 헌신해야 합니다.
- 이웃을 위해 헌신해야 합니다.

2) 헌신과 봉사를 어떻게 하는가 ?
- 공적인 모임에 빠짐없이 참석하는 것입니다.
  교회가 공적으로 모이는 시간을 정합니다. 또 교회내에 있는 각 기관이 모이는 시간을 정하고 교회를 위하여 일합니다. 이 모든 모임에 충실히 참석해야 합니다.
- 자기가 가진 자원을 드려 일하는 것입니다.
  우리들이 가진 모든 것은 하나님이 주신 것입니다(고전 4:7). 이 모든 것

Note

을 달란트(은전의 명칭)라고 할 수 있습니다(마 25:14-30).
음악을 잘 하는 사람, 글을 잘 쓰는 사람, 웅변을 잘 하는 사람, 잘 가르치는 사람, 사무에 소질이 있는 사람, 외교, 통솔, 계획, 시화 등 여러가지 소질, 그리고 우리의 건강, 물질이 모두는 주님을 위하여 일하라고 주신 자본입니다.

· 믿음과 사랑과 겸손을 가지고 일해야 합니다.
이런 것이 없이 일하면 사욕에 치우치기 쉽고 분쟁과 멸시하는 시험에 들기 쉽습니다. 믿음과 사랑과 겸손한 마음으로 일하면 하나님께서 받으실 참된 헌신 봉사가 되고, 교회가 단합되고 자신이 은혜를 받게 됩니다.

3) 왜 헌신 봉사해야 하는가 ?

구원받은 우리 성도들은 실상 예수 그리스도의 것입니다(고전 6:19-20). 왜냐 하면 멸망 받을 우리를 예수께서 생명을 버리시고 피값으로 사서 구원하셨기 때문에, 우리는 우리 것이 아니라 주의 것입니다. 그러므로 주님을 위하여 헌신하고 봉사하는 것이 마땅합니다.

1. 이제까지의 생활을 청산합니다.
2. 우상을 섬긴 것도 철폐합니다.
3. 제사도 추모 예배로 바꿉니다.
4. 예수님을 믿는 분들과 사귑니다.
5. 구역예배를 통하여 구역식구들과 사귑니다.
6. 남선교회, 여전도회, 청년회 등 자치 기관에 가입합니다.
7. 십일조와 헌금을 합니다.

Note

- 하나님께서 모든것을 주셨습니다.

 그 가운데 1/10은 전부 다 하나님의 것이라는 표식으로 하나님께 드립니다.

Note

복 습 문 제

1. 헌신 봉사란 무엇인가요?

2. 헌신 봉사를 하는데 공적인 모임에는 어떻게 해야 할까요?

3. 자기의 무엇을 바쳐 일해야 할까요?

4. 일할 때 가져야 할 세 가지 필수 요건은 무엇일까요?

5. 왜 헌신 봉사해야 할까요?

6. 헌신 봉사해야 할 분야는 교회에서는 어디일까요?

7. 헌신 봉사에 물질이 왜 포함되어야 할까요?

8. 헌신과 봉사를 하면 어떤 유익이 내게 올까요?

9. 헌신과 봉사를 통하여 누가 영광을 받으시나요?

10. 헌신과 봉사의 삶은 언제까지 해야할까요?